Yannick Kiluba

Les HÉROS NOIRS face à l'IMPÉRIALISME Tom 1

Yannick Kiluba

Les HÉROS NOIRS face à l'IMPÉRIALISME Tom 1

L'Âme de Lynch au coeur des politiques impérialistes, des visions exprimées dans des discours, des batailles inachevées

Éditions Muse

Cover image: www.ingimage.com

Publisher:
Éditions Muse
is a trademark of
Dodo Books Indian Ocean Ltd., member of the OmniScriptum S.R.L Publishing group
str. A.Russo 15, of. 61, Chisinau-2068, Republic of Moldova Europe
Printed at: see last page
ISBN: 978-620-2-29931-2

LES HEROS NOIRS FACE A LA POLITIQUE IMPERIALISTE

TOM 1

L'ESPRIT DE LYNCH AU CŒUR DES POLITIQUES IMPERIALISTES ET SUPREMACISTES.

DES VISIONS EXPRIMEES DANS DES DISCOURS ET DES BATAILLES INACHEVEES.

QUESTION ?

Des idéaux politiques ou des philosophies manipulatrices ?

Les discours exaltants des visions et des batailles inachevées ou les aveux d'impuissances de ceux qui gouvernent ?

Par : Yannick Kiluba

DEDICACE

A tous les peuples du monde tyrannisés par les puissants et impérialistes sans âme qui méprisent la valeur de la vie.

A tous les fils et filles opprimés et réduit à l'esclavage dans les zones de guerre et les gisements d'exploitation des métaux lourds et précieux.

A tous les peuples manipulés et opprimés par leur gouvernement sous la pression de l'épée des puissants du monde.

Aux peuples Africains.

A Patrice Emery Lumumba

A THOMAS Sankara

A Mzée Laurent Désiré Kabila

Aux martyres de l'Indépendance

Aux frères et sœurs, aux mères et aux pères qui meurent dans l'Est de la RDC.
Aux âmes arrachées et aux coups décapités de nos frères de Béni.

A NELSON Mandela.

CHAPITRE ZERO.

LES HEROS NOIRS

Qu'ils trouvent notre amour et la gratitude des peuples autrefois meurtries et assoiffés de liberté, les âmes qui se sont sacrifié, faisant de leur mort criante le fondement idéologique, politique et social de notre société morale.

Des êtres tissés dans les entrailles du courage et de la bravoure et nés de l'amour profond des vertus de la liberté.

Des êtres qui ont écrit l'histoire de leur vie avec l'encre de leur sueur et des larmes de leurs femmes et de leurs fils.

Des simples hommes meurtris par la violence de l'injustice mais insensible à la douleur, des êtres dépourvu de sang dans les veines mais restant débout par la force de leur amour.

Des hommes à qui nous devons la force de nos institutions et la vigueur de notre sens patriotique. Ils sont tous l'âme de notre nation et l'esprit révolté de notre sens aigu de liberté.

J'aimerai saluer le courage de Lumumba Patrice Emeri assassiné le 17 janvier 1961 près d'Elisabethville dans le grand Katanga, Une âme révoltée par l'oppression et la domination et retranchée du milieu de ses paires à la fleur de l'âge à ses 35 ans.

Avec le sang est marqué le symbole de notre liberté et les empreintes de notre indépendance, l'Afrique et le monde respira le souffle paisible d'un héros qui s'éteignait par la furie des esprits malveillants, ennemis de liberté et traitre au sens moral de l'humanité.

Il restera à jamais écrit dans les annales de l'histoire du monde des révolutions indépendantistes et des défenseurs des valeurs précieuses de la vie dans l'honneur et la dignité, le nom de PATRICE EMERI LUMUMBA, NELSON MANDELA MADIBA, THOMAS SANKARA, KWAME NKRUMAH, MOUAMMAR KADHAFI, JONAS SAVIMBI, GAMAL ABDEL NASSER HUSSEIN et les figures des ombres que l'histoire n'a pas écrite et dont le monde n'a pas fait mention et qui sont tombés sur les champs de batails pour n'avoir fait qu'aimer et prendre la défense de leur pays et pour avoir participer à la victoire dans les conflits politiques du monde sur le podium ou se livre le concert des nations.

Patrice Emeri Lumumba

« Nous avons connu les ironies, les insultes, les coups que nous devions subir matin, midi et soir, parce que nous étions des nègres.»

« Nous allons montrer au monde ce que peut faire un noir lorsqu'il travaille dans la liberté.»

« Sans dignité il n'y a pas de liberté, sans

Justice il n'y a pas de dignité, et sans indépendance il n'y a pas d'hommes

Libres. »

THOMAS Sankara

Extrait du discours de THOMAS Sankara à l'ONU le 4 Octobre 1984 au cours de l'assemblée générale de l'organisation des nations unies, au nom du Burkina-Faso.

Ce discours chirurgical expose l'âme d'un héros pour qui les inégalités et l'injustice sont incultes et ne devraient pas faire partir d'une civilisation humaine quelle qu'elle soit

Monsieur le Président, Monsieur le

Secrétaire-Général, Honorables

Représentants de la Communauté internationale,

Je viens en ces lieux vous apporter le salut fraternel d'un pays de 274.000 km^2, où sept millions d'enfants, de femmes et d'hommes, refusent désormais de mourir d'ignorance, de faim et de soif, tout en n'arrivant pas à vivre véritablement depuis un quart de siècle d'existence comme Etat souverain, siégeant à l'ONU.

Je viens à cette trente-neuvième session vous parler au nom d'un peuple qui sur la terre de ses ancêtres, a choisi dorénavant de s'affirmer et d'assumer son histoire, dans ses aspects positifs, comme dans ces aspects négatifs, sans complexe aucun.

Je viens ici enfin, mandaté par le Conseil National de la Révolution du Burkina Faso, pour exprimer les vues de mon peuple concernant les problèmes inscrits à l'ordre du jour et qui constituent la trame tragique des événements qui fissurent douloureusement les fondements du monde en cette fin vingtième siècle. Un monde où l'humanité est transformée en cirque, déchirée par les luttes entre les grands et les semi-grands, battue par des bandes armées, soumise aux violences et aux pillages. Un monde où des nations, se soustrayant à la juridiction internationale, commandent des groupes de hors-la-loi, vivant de rapines, et organisant d'ignobles trafics, le fusil à la main.

Je n'ai pas ici la prétention d'énoncer des dogmes. Je ne suis ni un messie ni un prophète. Je ne détiens aucune vérité. Ma seule ambition est une double aspiration : **premièrement, pouvoir, en langage simple, celui de l'évidence et de la clarté**, parler au nom de mon peuple, le peuple du Burkina Faso ; **deuxièmement, parvenir à exprimer aussi, à ma manière, la parole du « Grand peuple des déshérités** », ceux qui appartiennent à ce monde qu'on a malicieusement baptisé Tiers-Monde. Et dire, même si je n'arrive pas à les faire comprendre, ***les raisons que nous avons de nous révolter***.
Tout cela dénote l'intérêt que nous portons à l'ONU, les exigences de nos droits y prenant la vigueur et la rigueur de la claire conscience de nos devoirs.

Nul ne s'étonnera de nous voir associer l'ex-Haute-Volta - aujourd'hui le Burkina Faso - à ce fourre-tout méprisé, le Tiers Monde, que les autres mondes ont inventé au moment des indépendances formelles pour mieux assurer notre aliénation intellectuelle, culturelle, économique et politique. Nous voulons nous y insérer

sans pour autant justifier cette gigantesque escroquerie de l'Histoire. Encore moins pour accepter d'être « l'arrière-monde d'un Occident repu ». Mais pour affirmer la conscience d'appartenir à un ensemble tricontinental et admettre, en tant que non-alignés et avec la densité de nos convictions, qu'une solidarité spéciale unit ces trois continents d'Asie, d'Amérique latine et d'Afrique dans un même combat contre les même trafiquants politiques, les mêmes exploiteurs économiques.
Reconnaître donc notre présence au sein du Tiers-Monde c'est, pour paraphraser José Marti, « affirmer que nous sentons sur notre joue tout coup donné à n'importe quel homme de ce monde ». Nous avons

Jusqu' ici tendu l'autre joue. Les gifles ont été redoublées. Mais le cœur du méchant ne s'est pas attendri. Ils ont piétiné la vérité du juste. Du Christ ils ont trahi la parole. Ils ont transformé sa croix en massue. Et après qu'ils se soient revêtus de sa tunique, ils ont lacéré nos corps et nos âmes. Ils ont obscurci son message. Ils l'ont occidentalisé cependant que nous le recevions comme libération universelle. Alors, nos yeux se sont ouverts à la lutte des classes. Il n'y aura plus de gifles.

Il faut proclamer qu'il ne peut y avoir de salut pour nos peuples que si nous tournons radicalement le dos à tous les modèles que tous les charlatans de même acabit ont essayé de nous vendre vingt années durant. Il ne saurait y avoir pour nous de salut en dehors de ce refus-là. Pas de développement en dehors de cette rupture.

Du reste, tous les nouveaux « maître à penser » sortant de leur sommeil, réveillés par la montée vertigineuse de milliards d'hommes en haillons, effrayés par la menace que fait peser sur leur digestion cette multitude traquée par la faim, commencent à remodeler leur discours et, dans une quête anxieuse, recherchent une fois de plus en nos lieux et place, des concepts-miracle, de nouvelles formes de développement pour nos pays. Il suffit pour s'en convaincre de lire les nombreux actes des innombrables colloques et séminaires.

Loin de moi l'idée de tourner en ridicule les efforts patients de ces intellectuels honnêtes qui, parce qu'ils ont des yeux pour voir, découvrent les terribles conséquences des ravages imposés par les dits « spécialistes » en développement dans le Tiers-Monde. La crainte qui m'habite c'est de voir les résultats de tant d'énergies confisqués par les Prospéro de tout genre pour en faire la baguette destinée à nous renvoyer à un monde d'esclavage maquillé au goût de notre temps.

Cette crainte se justifie d'autant plus que la petite-bourgeoise africaine diplômée, sinon celle du Tiers-Monde, soit par paresse intellectuelle, soit plus simplement parce qu'ayant goûté au mode de vie occidental, n'est pas prête à renoncer à ses privilèges. De ce fait, elle oublie que toute vraie lutte politique postule un débat théorique rigoureux et elle refuse l'effort de réflexion pour inventer des concepts nouveaux à la hauteur du combat meurtrier qui nous attend. Consommatrice passive et lamentable, elle se regorge de vocables fétichisés par l'Occident comme elle le fait de son whisky et de son champagne, dans ses salons à l'harmonie douteuse.

On cherchera en vain depuis **les concepts de négritude ou d'African Personnality marqués maintenant par les temps, des idées vraiment neuves issues des cerveaux de nos « *grands* » *intellectuels*.**

Le vocabulaire et les idées nous viennent d'ailleurs. Nos professeurs, nos ingénieurs et nos universités se contentent d'y adjoindre des colorants parce que, des universités européennes dont ils sont produits, ils n'ont ramené souvent que leurs diplômes et le velours des adjectifs et des superlatifs !

Il est nécessaire, il est urgent que nos cadres et nos travailleurs de la plume apprennent qu'il n'y a pas d'écriture innocente. **En ces temps de tempêtes, nous ne pouvons laisser à nos seuls ennemis d'hier et d'aujourd'hui le monopole de la pensée, de l'imagination et de la créativité.** Il faut, avant qu'il ne soit trop tard - car il est déjà tard - que ces élites, ces hommes de l'Afrique, du Tiers Monde, reviennent à eux-mêmes, c'est-à-dire à leur société, à la misère dont nous avons hérité pour comprendre non seulement que la bataille pour une pensée au service des masse déshéritées n'est pas vaine, mais qu'ils ne peuvent devenir crédibles au plan international, qu'en inventant réellement, c'est-à-dire en donnant de leurs peuples une image fidèle. ***Une image qui leur permette de réaliser des changements profonds de la situation sociale et politique, susceptibles de nous arracher à la domination et à l'exploitation étrangère qui livrent nos Etats à la seule perspective de la faillite*.**

C'est ce que nous avons perçu, nous, peuple burkinabé, au cours de cette nuit du 4 août 1983, aux premiers scintillements des étoiles dans le ciel de notre Patrie. Il nous fallait prendre la tête des jacqueries qui s'annonçaient dans les campagnes affolées par l'avancée du désert, épuisées par la faim et la soif et délaissées. Il nous fallait donner un sens aux révoltes grondantes des masses urbaines désœuvrées, frustrées et fatiguées de voir circuler les limousines des élites aliénées qui se succédaient à la tête de l'Etat et qui n'offraient rien d'autre que les fausses solutions pensées et conçues par les cerveaux des autres. ***Il nous fallait donner une âme idéologique aux justes luttes de nos masses populaires mobilisées contre l'impérialisme monstrueux.*** A la révolte passagère, simple feu de paille, devait se substituer pour toujours la révolution, lutte éternelle contre toute domination.

D'autres avant moi ont dit, d'autres après moi diront à quel point s'est élargi le fossé entre les peuples nantis et ceux qui n'aspirent qu'à manger à leur faim, boire à leur soif, survivre et conserver leur dignité. Mais nul n'imaginera à quel point « le grain du pauvre a nourri chez nous la vache du riche » !

Dans le cas de l'ex-Haute-Volta, le processus était encore plus exemplaire. Nous étions la condensation magique, le raccourci de toutes les calamités qui ont fondu sur les pays dits « en voie développement ». Le témoignage de l'aide présentée comme panacée et souvent trompetée, sans rime ni raison, est ici éloquent. Très peu sont les pays qui ont été comme le mien, inondés d'aides de toutes sortes. Cette aide est en principe censée œuvrer au développement. On cherchera en vain dans ce qui fut autrefois la Haute-Volta, les signes de ce qui peut relever d'un développement. Les hommes en place, soit par naïveté, soit par égoïsme de classe n'ont pas pu ou n'ont pas voulu maîtriser cet afflux extérieur, en saisir la portée et exprimer des exigences dans l'intérêt de notre peuple…(…)… Le diagnostic, à l'évidence, était sombre. La source du mal était politique. Le traitement ne pouvait qu'être politique.

Certes, nous encourageons l'aide qui nous aide à nous passer de l'aide. Mais en général, la politique d'assistance et d'aide n'a abouti qu'à nous désorganiser, à nous asservir, et à nous déresponsabiliser dans notre espace économique, politique et culturel. Nous avons choisi de risquer de nouvelles voies pour être plus heureux. Nous avons choisi de mettre en place de nouvelles techniques. ***Nous avons choisi de rechercher des formes d'organisation mieux adaptées à notre civilisation rejetant de manière abrupte et définitive toutes sortes de diktats extérieurs***, pour créer ainsi les conditions d'une dignité à la hauteur de nos ambitions. Refuser l'état de survie,

Desserrer les pressions, libérer nos campagnes d'un immobilisme moyenâgeux ou d'une régression, démocratiser notre société, ouvrir les esprits sur un univers de responsabilité collective pour oser inventer l'avenir. Briser et reconstruire l'administration à travers une autre image du fonctionnaire, plonger notre armée dans le peuple par le travail productif et lui rappeler incessamment que sans formation politique patriotique, un militaire n'est qu'un criminel en puissance. Tel est notre programme politique.

Au plan de la gestion économique, nous apprenons à vivre simplement, à accepter et à nous imposer l'austérité afin d'être à même de réaliser de grands desseins…(…) …Forts de cette certitude, nous voudrions que notre parole s'élargisse à tous ceux qui souffrent dans leur chair, tous ceux qui sont bafoués dans leur dignité par une minorité d'hommes ou par un système qui les écrase…(…)

Je parle au nom de ces millions d'êtres qui sont dans les ghettos parce qu'ils ont la peau noire, ou qu'ils sont de cultures différentes et qui bénéficient d'un statut à peine supérieur à celui d'un animal.

Je souffre au nom des Indiens massacrés, écrasés, humiliés et confinés depuis des siècles dans des réserves, afin qu'ils n'aspirent à aucun droit et que leur culture ne puisse s'enrichir en convolant en noces heureuses au contact d'autres cultures, y compris celle de l'envahisseur.

Je m'exclame au nom des chômeurs d'un système structurellement injuste et conjoncturellement désaxé, réduits à ne

Percevoir de la vie que le reflet des plus nantis...(...)

Des femmes qui luttent et proclament avec nous que l'esclave qui n'est pas capable d'assumer sa révolte ne mérite pas que l'on s'apitoie sur son sort.

Cet esclave répondra seul de son malheur s'il se fait des illusions sur la

[1]Condescendance suspecte d'un maître qui prétend l'affranchir. ***Seule la lutte libère et nous en appelons à***

[1] www.thomassankara.net

toutes nos sœurs de toutes les races pour qu'elles montent à l'assaut pour la conquête de leurs droits.

...(...), Je parle aussi au nom de l'enfant. Cet enfant pauvre qui a faim et qui louche furtivement vers l'abondance amoncelée dans une boutique pour riche. La boutique protégée par une épaisse vitre. La vitre défendue par une grille infranchissable. Et la grille gardée par un policier casqué, ganté et armé de matraque. Ce policier placé là par le père d'une autre enfant qui viendra se servir parce que présentant toutes les garanties de représentativité et de normes capitalistes du système.
Je parle au nom de tous les artistes - poètes, peintres, musiciens, sculpteurs, musiciens, acteurs - hommes de bien qui voient leur art se prostituer pour l'alchimie des prestidigitations du show-business...

MA PENSEE :

Ce discours programme expose la véritable défense des idéaux inscrits dans l'esprit de Sankara et dans bien des révolutionnaires que le monde ténébreux de l'injustice a engendré.

L'histoire et le mode de vie de la jeunesse noire a au fil des âges capituler par ses multiples actions en direction de la seule vision de liberté que leur ont inculqué leurs héros.

De la paternalisation à l'inculte désir de contrôle et du contrôle né la manipulation et l'assujettissement des peuples. De l'assujettissement né l'exploitation et de l'exploitation né la torture et la traite, et de là, le silence de la désolation imposant un

Semblant de paix et de calme engendré par la terreur dans les cœurs de ceux qui sont opprimés.

La notion de liberté étant l'expression naturelle et légitime de tout etre qui vit ; se réclame, soit par la violence, soit par la douceur. Elle s'arrache, soit par des alliances soit par la bataille, elle ne s'offre guère par des compromis.

La liberté n'a qu'une seule arme puissante, "la défense à tout prix".

Il serait immoral de ne pas lutter lorsqu'on est opprimé par une suite des lois légiférées uniquement au profit ceux qui nous gouverne.

La rébellion n'est guère le fait de se révolter contre une suite des lois injustes qui soutiennent les institutions qui gouvernent ; mais, c'est de faire appliquer ses lois, même lorsque l'éloquence des conséquences qu'on engendrées ses lois est plus expressive.
La recherche de la liberté crée des agitations par des nombreuses vagues de contestation, il revient de plein droit à chaque peuple de s'assumer pour mériter de jouir du bonheur, de la paix et de la joie que distille la liberté.

Ils bradent leur avenir tous ceux qui croient jouir des fruits issus du sacrifice et des engagements des autres.

"En ces temps de tempêtes, nous ne pouvons laisser à nos seuls ennemis d'hier et d'aujourd'hui le monopole de la pensée, de l'imagination et de la créativité".

Cette pensée de Sankara est un héritage pour les peuples opprimés, une ligne à suivre pour garantir la liberté sociale, économique et politique des peuples et des nations.

Se défaire du pouvoir de la pensée et garder close la porte lumineuse de l'imagination qui donnerait naissance à la créativité, seraient hypothéqué son avenir à ceux qui s'y emploie en temps de tempête ou non.

UN DISCOURS PROGRAMME ET UNE VISION, DES IDEAUX ET DES VALEURS QUI SONT POUR LE PEUPLE DU MONDE UN HERITAGE.

Je puis me permettre de dire que nos héros parlent plus que leurs actions et inspirent plus que leur discours.

Si je puis rendre hommage à ce vaillant héros, je puis dire qu'Il pouvait peindre avec des mots, la beauté et les bontés de son âme avec la finesse de son caractère morale. Il suffit de lire l'histoire écrite avec son sang et sa sueur pour ressortir le portait idéologique de tous ceux qui inspirent le sens de l'honneur, du devoir et de dignité.

THOMAS SANKARA n'était pas burkinabais, il avait l'âme d'un roi aux couleurs universelles et dont les valeurs surpassaient en hauteur et en profondeur, les clivages politiques, l'égo démesuré des races et des couleurs ethniques, il est un héros pour toutes les républiques du monde.

CHAPITRE I
A. L'AME ET L'ESPRIT PARLEMENTAIRE

Le sens parlementaire prit son sens en 1250 sous le règne de Saint Louis, les conseillers et les juristes de la cour se réunissaient en présence du roi pour juger des affaires qui leur étaient soumises.

Après un saut bondissant vers le passé, je peux m'exprimer :

Si la royauté, le conseil et la loi ont posé les fondements du parlement ; je crois que la loi devrait etre à jamais porter par le bon sens pour en établir l'équilibre par la liberté exprimée à la lumière de la sagesse des esprits éclairés de la science, de la connaissance et de la saine conscience de l'humanité.

Si les puissants ont fait exister le parlement pour le maintien de l'équilibre social de chaque aspect de la vie des peuples, je croirais alors dans leur humanité dicté par l'esprit et l'idéal de l'homme juste.

J'emprunterais les voies de la justice en prêtant mon oreille à saisir l'expression du son qui résonne dans les parvis cloitrés des institutions qui prônent les valeurs, sinon, comment croire dans une justice qui condamne l'innocent et qui louent les prouesses d'un meurtrier par des lois tapies d'injustices et teintées de malice pour faire asseoir une démocratie afin de légitimer la raison malveillante et intrépide de l'injustice.

A.1 Mon idéal parlementaire

Le parlement doit avoir pour âme la morale et le bon sens pour esprit.

Les batailles d'idées accoucheraient des lois justes qui doteraient le monde de son souffle de vie politique.

Les politiques politiciennes devraient disparaitre au cœur de la science qui légifère les lois et jouer au son immorale des fous qui se pavanent dans les rues des meurtriers.

Les liqueurs fortes désorientent le sens moral et fait place au gout exquis des rejetons amers qu'il aurait fallu éructer en avorton avant que les ailes ne leur aient montré les voix aux multiples couleurs tracées dans les airs du pouvoir à acquérir ou à conserver à prix de sang innocent.

Le parlement est plus spirituel que physique, plus morale et humanitaire que meurtrière et injuste dans toutes ses dispositions ; il devrait écrire sur les tissus de sa mémoire, l'équité, la justice, la droiture tirée du bon sens cloitré dans ses antichambres.

L'âme d'un parlement se doit d'engendrer les lois justes par le frottement d'idées exprimées par les esprits éclairés loin des souffles naissant des abysses enténébrés de l'injustice.

L'esprit parlementaire doit etre le guide par ses vertus morales, ses conceptions, ses analyses pour écrire la conscience dirigeante de ses chambres et en dicter les dispositions.

Je m'inscris en faux de croire que la légitimité d'un peuple émane plus de ses institutions physiques que morale et spirituelles gouvernant du bon sens de l'humanité.

Je pourrais croire que les âmes bien nées devraient porter le flambeau de la justice et la défense des lois morales et spirituelles gouvernantes des peuples, mais je pécherais si les princes seuls étaient ses élus, car la valeur n'est point définie par un statuquo réduit au rang social.

Il serait injuste de faire subsister un parlement qui se réjouirait des crépitements des balles dans les contrés lointains pour déstabiliser des nations et en faire des zones de guerres pour se créer des marchés de ventes d'armes et des pharmacies planétaires chiffrées en milliard des lingots d'or, de cobalt, de cuivre, et des tonnes de diamants.

Un parlement émanant du peuple ne devrait pas perdre conscience de la nudité, du chagrin, de la faim et de la soif qu'a l'âme meurtrie qui lui a conféré son pouvoir.
Le pouvoir au peuple, pour le peuple et par le peule n'est pas l'émanation des institutions, mais un bâton de commandement portant la grâce, la miséricorde et le pouvoir de jugement conféré à un homme ou à un poignet des personnes par une masse incapable de se diriger par elle-même à cause

de ses différences, de ses cultures et de la difficultés des peuples à cohabiter sans compromis et sans concession.

À cause de la complexité qu'est le métier de gouverner, on octroierait un droit suprême à l'élu pour imposer son véto. Lorsqu'aucune loi n'est capable de faire valoir le poids de la justice, la sagesse de la conscience devra nous servir de boussole, car, contrairement aux lois des hommes, la conscience par sa lucidité pose les jalons qui maintiennent l'équilibre de l'homme moralement stable, faisant de lui un être de bon sens doué des vertus.

Se servir de son droit de véto pour assoir son pouvoir créerait des frustrations qui au fil du temps donnerait à naitre des puissants ennemis qui se serviraient des lois justes mal interprétées pour justifier votre pendaison, car des lois évolutives sont sujette à des multiples interprétations à cause de leur modification et laisse des brèches à l'esprit malveillant de peaufiner en détails les armes destructrices dans la loi faisant d'elle la servante du mal.

B. L'HYPOCRISIE DES DONNEURS DE LECON OU L'AVEU DE CULPABILITE ?

Il lui ait ôté le droit de discourir ou de parlementer pour donner naissance au cœur humanitaire des institutions, les yeux qui ont orienté les mains du bourreau qui tenait l'épée du meurtrier en fauteuil doré, ni d'etre le témoin de moralité dans la légifération des lois justes qui va le réparer.

Qu'importe votre sagesse ou votre intelligence, lorsque vous êtes l'esprit sur lequel repose le socle de toute l'immoralité et que les faits vous attribuent la paternité de tous les maux, taisez-vous.
C'est de la stupidité qu'est d'etre un donneur de leçon lorsqu'on repose ses fondements et sa survie sur la mort d'autrui.
C'est mal vu de jaser sur les théorèmes de redressement et d'établissement d'équilibre des sociétés après en avoir été son meurtrier principal.

Les lois injustes créent des guerres et arment les mains habiles et promptes à rependre le sang. Elles créent et soutiennent les conflits comme une bête sans âme qui veut à tout prix dévorer sa proie tout en fermant l'œil sur la monstruosité de ses actions.

Comment donner de leçon de bon sens si l'on est la cause des perversions et de malversations ?
Comment justifier l'exploitation des ressources extrait dans des zones de conflits et accuser les dirigeants de ces pays de tuer leur propre peuple ?

Comment vouloir se faire élire pour la défense des intérêts de la nation et se livrer à quatre pattes à des puissants étrangers qui terrorisent ?

Pourquoi revêtir le manteau de la justice pour etre le meurtrier des défenseurs de la justice et de ceux qui réclament leur droit qu'on est sensé défendre ?

Comment etre espion et meurtrier de son propre peuple, pour se construire un coin de paradis sur une ile déserte de sens et de bonne moralité bâtie sur le sang innocent des femmes et des enfants ?

Comment refouler des masses qui envahissent le monde étranger si vous êtes la gâchette qui les font fuir de leurs fiefs ?
Comment assurer sa survie en tuant les autres peut-elle etre une vertu ?

Paru dans le journal le monde, 13 Février 2007.
Paix à son âme.
Jacques Chirac disait!
« **Nous avons saigné l'Afrique pendant quatre siècle et demi, ensuite nous avons pillé ses matières premières ; après, on a dit : ils ne sont bon à rien. Au nom de la religion, on a détruit leur culture et maintenant, comme il faut faire les choses avec plus d'élégance, on leur pique leurs cerveaux grâce aux bourses. Puis on constate que la malheureuse Afrique n'est pas dans un état brillant. Qu'elle ne génère pas d'élites. Après s'etre enrichi à ses dépens, on lui donne des leçons**»
L'histoire révèle que ceux que l'on taxe de tous le maux n'ont pas créé le chaos dans lequel sévit le monde actuellement.
Ce n'est pas l'Afrique qui a lancé la bombe sur Hiroshima et Nagasaki tuant des milliers d'individus et marquant à jamais l'histoire la plus sombre des âmes perdues sous l'impulsion d'un égo démesuré des hommes qui

voulaient assoir leur pouvoir, ce fut bien plus qu'un signal fort lancé au monde, car les meurtrissures restent parlantes dans les cœurs des impulsifs, et les âmes détruites crient depuis les sombres nuages des profondeurs de la terre et réclament la vengeance et la justice, désolé que la terre ne soit jamais capable de rendre une telle justice sinon pardonner.
Ce ne sont pas les faibles qui saignent à blanc les ressources africaines et qui impriment encore leur monnaie pour gouverner leur politique monétaire et influencer leur avenir.
Ce ne sont pas les lybiens qui ont allumé du feu dans leur pays laissant un chaos inimaginable dans un pays qui autrefois était un paradis africain.
Ce ne sont pas les africains qui ont livré bataille en Irak le rendant instable, faisant de cette grande nation un cimetière ou l'espérance des vies est déterminé par le nombre des coups des mitraillettes qui résonne chaque jour.
Ce ne sont pas les africains qui manipules leurs présidents les obligeants à signer des contrats léonins aux profits des superpuissances du monde.

Ce ne sont pas les africains qui obligent aux investisseurs de garder leurs fonds dans leur banque et ne porter que la mallette d'un salaire insignifiant à livrer aux pauvres travailleurs se débattant pour leur survie dans les mines et les gisements de pétrole.

Ce ne sont pas les africains qui tuent ceux qui s'engagent à travailler pour l'intérêt de leur peuple.
Le mal est tellement profond qu'il est devenu vertu pour certains.
L'humanité perd sa saveur à cause de la pluralité des vices qui bouchent les trous lumineux du bon sens dans les cœurs de ceux qui gouvernent.

On impose des monnaies de références à des nations pour leur priver leur indépendance en fixant des taux d'échanges et la circulation monétaire à l'avantage de celui qui est puissant.

On crée des organisations non gouvernementales pour espionner, piéger, contrôler et alimenter des guerres, des maladies, des pillages de ressources, des médias de communication de propagande anti-vérité pour défaire la vérité et laisser le doute raisonnable planer et recréer l'histoire que l'on veut bien raconter.

On crée les besoins tout en étant la réponse à ses besoins.
On invente des conflits et on crée des guerres pour s'offrir des acheteurs d'armes et ainsi accroitre son chiffre d'affaire et se faire des tours dorées dans l'opulence chez l'oncle sam.
On invente des maladies et on crée des laboratoires pour s'assurer des grands marchés pour l'écoulement des fétiches chimiques aussi destructeurs qu'une balle dans la tête.
On promeut la liberté et l'égalité des races et de tous les tissus sociaux, mais on laisse vivre l'esprit de Willy lynch dans les lois qui gouverne, et on s'arme de l'égo démesuré de Hitler pour la défense des institutions paraissant démocratique, qui en soit ne sont pour la plupart que des monuments teintés de malice et de manipulation pour se payer une bonne conscience et une machine à illusion dans laquelle faire croire aux esprits faibles qui même après quatre siècles d'oppression par leur maitre croient dans le bien-fondé de cette supercherie.
La guerre des races, la guerre d'égo, la guerre de légitimité, les guerres économiques, les guerres territoriales, les différentes guerres politiques naissent et croissent plus vite que des champignons.
Il devient plus facile de tenir face à la pression épuisante de guerroyer que de vivre dans la paix honorable et assourdissant de l'amour dans la cohabitation.
On se croit tout-puissant en s'arrogeant le droit et le devoir de choisir qui vit et qui meurt et l'on ignore que Mobutu qui s'est déclaré éternel gis en terre dans un pays qui ne l'a pas vu naitre.
On se substitue en l'etre suprême au-dessus des lois contre qui personne ne peut se lever, et on ne se laisse pas instruit des conséquences qu'accouchent la violence du vent et la furie des eaux sur lesquelles personne n'a le contrôle.
On amasse assez d'or, de cuivre, de cobalt, de diamant, des puits de pétroles et d'argents pour se mettre à l'abri sans comprendre que le monde entier est une maison sur laquelle personne ne peut se prévaloir d'etre maitre tous les jours.

On se cloitre dans l'illusion de détenir le pouvoir, l'autorité et la puissance pour se terrer derrière un système armé ou une meute des mercenaires payés par millions pour s'assurer de sa sécurité par des hommes qui peuvent à tout bout de champ vous ôter la vie si plus riche que vous les motivait.

L'inconscience se révèle plus éloquente dans l'amour de la domination et par surcroit le prix exorbitant que l'on se doit de payer pour barrer les routes des ennemis que l'on s'est fait devient pénible, et pousse les vautours à rester cloitrer tels des chauves-souris suspendues dans le noir la tête inversée se remémorant le désarroi dans lequel il est sensé se tenir éternellement contre sa propre volonté et dans le délire total.

CHAPITRE II

L'IMPERIALISME, LE CAPITALISME ET LE COLONIALISME SOUS LE MASQUE DE LA DEMOCRATIE

Gouverner le monde et contrôler les richesses de la planète ; Diviser pour mieux régner, dominer, exploiter et piller pour rempl r les banques et faire d'elles les plus puissantes banques du monde... Telle est la devise grâce à laquelle on doit nos morts par millions, nos guerres interminables, nos pillages de ressources, les conflits entre totalitaires, globalistes et ségrégationnistes,...

Concevoir des stratégies et des doctrines politiques de conquête visant à assujettir par le pouvoir dominant des armes et des arguments économiques, limitant les zones de libre-échange et cloisonnant des territoires étrangers dans des formes de capitalisme monopolistique est contraire au bon sens.

Vouloir gérer et s'accaparer des terres étrangers pour en faire des empires dansant sous la mélodie mélancolique des cultures étrangères imposées est immorale.

Il est distillée une expression d'orgueil et de méchanceté intense dans les lettres imprimées par les esprits qui ont rédigé la charte des impérialistes faisant naitre une âme malveillante dans le cœur des systèmes politiques qui gouvernent le monde.

Peut-on penser que l'article 73 de la charte des nations unies fait revivre le gout amer de l'esclavage à peine dissimulé sous sa tunique moderne par le charme d'une convention internationale tenu sous la glaive des puissants qui s'offrent le luxe de saper la souveraineté des états et de leurs peuples arborant un véto injustifié du point de vu morale et répugnante du point de vue opérationnel ? Je ne saurai le dire, mais ça y ressemble beaucoup.

Le rapport Mapping des Nations unies aussi expressif qu'il puisse etre n'a pas pu offrir un tribunal pour rendre justice aux âmes lâchement abattue faisant de la communauté internationale complice des meurtres et des pillages qui sévissent les territoires congolais.

Comment expliquer que le cotant congolais extrait dans les zones de guerre est exploité par les multinationales qui sont peint en image de saint plus que mère Theresa aux yeux des médias occidentaux ?

Devrions-nous remettre en question l'inconscience des armées ou reprocher aux multinationales leurs actions complices à peine dissimulée et qui justifie l'utilisation des ressources minières trempées dans le sang innocent des outils de communication que nous utilisons à prix exorbitant ?

Comment justifier deux décennies de la présence de l'une des armées la plus puissante au monde sur le territoire congolais sans y apporter la paix ?

Si celui qui doit garantir la paix se réjouit dans l'échec de sa mission, il est acceptable de le croire complice ou bénéficiaire de ce chaos.

Il est aberrant que l'ère de la liberté fasse plus d'esclaves enchainés par des lois injustes que Léopold II avec sa machette.
La démocratie est le masque sous lequel se cache la tyrannie moderne, l'anarchie, le voile qui sépare les ailes du hall dans lequel se jouent les partitions des globalistes qui se substituent au maitre absolu aux commandes de l'univers.

Un esprit brillant accouche d'une pensée et un système vient à naitre.
L'esprit est immatériel, l'âme est invisible, mais leur influence est infaillible, qu'on imputerait au corps esclave toute leur notoriété et la splendeur des valeurs qu'il incarne, il en est ainsi des lettres et des lois qui gouvernent les institutions.
De la malice à peine voilée, de la ruse richement dissimulée dans les cloitres des assemblées restreintes à deux, à cinq, à sept et vingt loups géants enragés et assoiffés de sang innocent.
Les mots ont perdu tout leur sens puisqu'on leur confère un pouvoir fondé sur la malice de l'esprit brillant qui peut en tordre le sens, en définir le contexte et en donner l'explication silencieuse et aveugle et totalement détourné du sens véritable qui anime l'esprit de son rédacteur.

Sous la tempe est collé le visage de l'âme que l'on veut soumettre, soit il choisit de mourir, sois on lui choisit l'illusion de la vie ou la mort à peine voilée.
La police du monde au sourire médiatique compatissant s'adonne à contrefaire par ses actions le fondement morale et valeureux de son

serment tel un médecin qui après avoir fléchi son genou devant le sage Hippocrate se défait aussitôt de son engagement pour etre l'âme inconsciente qui cause la ruine de l'âme.
Les mutations génétiques des politiques impérialistes et capitalistes se développent dans nos systèmes de gouvernance jour après jour depuis l'abolition de l'esclavage. Des siècles perdus en feignant de vendre les utopies de liberté par le sens biaisé des prédicateurs de la démocratie qui s'achètent toutes les tribunes des nations à prix d'argent, par chantage ou par compromission pour contrer et étouffer les flèches de la vérité.

A. LA MANIPULATION ET LA DOMINATION

De la question identitaire viennent des envies mortelles qui naissent des nécessités cruelles qui imposent l'impératif militaire qui se révèle etre la seule option sans âme soit-elle, mais assez suffisante pour justifier les nettoyages ethniques et raciaux pour s'assurer par des systèmes politiques les renflouements des caisses des puissants et les stocks inépuisables des ressources et ainsi accroitre la domination.

On crée le déséquilibre économique et on propose de l'aide. On assoie son pouvoir et on passe des marchés. On se crée des centre d'intérêts et on impose des armées. Des bases militaires s'installent et les centres d'espionnage naissent.
On s'approprie les terres et on vole les droits des autochtones, on signe des traités et on impose des placébos de couleur sur des fauteuils pour légitimer le vol et la spoliation des biens d'autrui.

Les minables se plaisent d'etre en fauteuil, peu leur importe que se fasse violer leur mère ou leurs sœurs.
Ils fusillent leurs propre frères au profit des étrangers et adoptent leurs cultures pensant etre l'un d'eux sans comprendre que le bicéphalisme n'est pas seulement politique, mais dans ce cas de figure le pouvoir est entre les mains d'un seul magistrat qui nomme les juges et qui en destitue à sa guise.
Les minables sombrent au soir de leur vie dans la désolation qu'ils ont eux-mêmes créée pour se coucher malheureux. Triste qu'ils emportent dans leur lucide sommeil les souvenirs ensanglantés et ineffaçables de leur mésaventure macabre.

Soit on domine, soit on domine, il n' ya pas d'autre possibilité dans l'esprit des ceux qui se donne pour idéal de rependre le sang pour des raisons pécuniaires.

Des chefs des peuples les manipule, soit ils deviennent bête pour gober des salades et vivre tels des moutons, soit ils sont conscient de la ruse du discoureur et se livrent à la bataille pour se défaire de son influence morale teintée de corruption et gagner leur liberté.
Un cercle vicieux se crée dans les lignes de la domination. Les manipulés deviennent manipulateurs incontrôlables car conduit sous le charme de leur immoralité, ils deviennent des cruels monstres dévêtus de tout bon sens.
Le monde se choisit de vivre avec des monstres qu'il a créées pourvu qu'il les tienne en laisse tel un molosse accroché à son os.
Les dominants pervertissent le sens de l'humanité et transforment des humains en cheval de course castré et tenu sous le coup de fouet de fer, il y en a parmi eux qui choisissent des cravaches, mais aucun d'eux n'a de sens moral irréprochable, leur géniteur les acclament tous des profondeurs des abysses ténébreuses.

B. LE SANG OU LE SANG

Entre la mort lente ou la mort douce je choisi la vie.
Le meurtre par strangulation ou par euthanasie ou même par décapitation reste tout de même une mort, il n' ya point d'honneur à la revêtir d'un manteau arrosé de parfum, car le temps révélera bien la senteur qu'exhale le cadavre en décomposition, quand bien même l'on peut masquer cette odeur, l'âme absente dans le corps fera place aux consommateurs de chair qui se chargeront de finir le travail du meurtrier.
Le masque à peine voilé de la tyrannie que porte la démocratie crée légalement l'énergie par laquelle se déploie l'injustice et la corruption pour servir d'appuis aux poutres du château dans lequel s'enjaillent tous les jouisseurs affaiblis et incapables de ne produire des résultats que par le sacrifice sanglant des autres.

Des politiques corrompues et trempées dans des malversations de diverses couleurs doivent se voir etre attribuer la paternité des nations détériorées aux files des âges par les guerres sous toutes ses formes.
Les meurtriers revêtent plusieurs formes, désolé que mon innocence m'ait fait croire que seulement celui qui tenait la hache de guerre était le mal incarné.
J'ai appris à lire dans les nuages autour de mon bourreau pour contempler l'exécrable homme invisible qui tire de loin les ficelles qui m'ont conduit sur le plotons d'exécution.
Je peux croire qu'il existe des bourreaux innocents, non parce qu'ils ne participent pas à la mort d'autrui, mais parce qu'ils tuent pour en épargner d'autres. Dommage que ce soit un choix difficile que certains doivent faire pour préserver la vie de ceux qui leur sont chers, hélas que le mal reste pervertis, car entaché des souvenirs cruels d'une mort injustifiée.
Les meurtriers sont armés des machettes, des missiles, des couteaux et des haches, mais les plus horribles n'ont que l'encre et la plume.
Celui qui légifère des lois injustes, qui vole les trésors publics, les biens communs à un peuple, qui invente et soutient des dispositions incendiaires est tout autant meurtrier que celui qui s'arme d'un couteau à beurre pour ôter la vie en infligeant une mort atroce à des âmes sans défense.
La mort ne peut vivre que par des lois injustes et des systèmes qui promeuvent l'inégalité, la cupidité, l'avarice, l'avidité et l'envie tyrannique d'un poignet des personnes infâmes assoiffées de contrôle.

C'est amphigourique que la liberté s'achète à prix de sang et que l'esclavage sévit dans le sang.
Toutefois où l'on n'est pas maitre de nos choix, on meurt en nous-même en faisant vivre par l'imposture l'âme cruelle de celui qui veut avoir bonne conscience lorsqu'il commet des meurtres par personne interposée.

C. LES COMPROMIS ET LES COMPROMISSIONS

Les compromis ont donnés naissance à des alliances fortes qui ont maintenues l'équilibre entre royaume et créer des liens inaliénables entre souverains des peuples.

Les alliances compromettent des hommes de biens qui par des simples erreurs tentent de couvrir leur faiblesse humaine qu'ils ne veulent pas voir paraitre au grand jour.
La naissance de la compromission réside dans les cadavres soigneusement alignés dans les placards du secret des signataires qui fixent les termes des accords consciemment conçus.
Seul les insensés s'allient à des meurtriers pour porter le poids alarmant des cris des morts tombés sous le glaive des brigands.
Il ne peut exister ni subsister d'alliance juste lorsque l'un dicte les termes des accords que l'autre se doit de subir, car plus grand deviendra l'autre, plus petit le dictat subira avec violence l'inconvenance avec laquelle il a offert son hospitalité à son prochain.

CHAPITRE III

A. LE PASSE COLONIAL IMPRIME EN MEMOIRE.

Pour avoir transporté vers les plantations de cannes à sucre et des endroits sombres et inconnus ; des esclaves telles des bètes catégorisées en quarteron et en octavon ; La mer a gravée en sa mémoire les souvenirs cuisant de la cruauté humaine.

Pour avoir dispersé la fumée des os consumés des âmes brisées, l'air garde en mémoire l'odeur qu'expugnait chaque vie tombée sous la traite.

Pour avoir présidé le jour et la nuit, le soleil et la lune gardent en mémoire les visages trempés dans le chagrin, la peur et la désolation des ceux qui soupiraient voir naitre le jour de leur liberté et la nuit pour leur apaisement.

Pour s'être abreuvé de leur sang et de leur sueur, la terre garde en mémoire l'expression cruelle de la vie essoufflée qui s'échappait des narines des esclaves, car meurtrie par les coups de fouet et le traitement inhumain qui leur étaient infligés.

Je me permets de prêter la pensée colonialiste et esclavagiste de Willie Lynch pour exprimer l'idée des suprématistes en qui le mépris de la vie des autres sur base de leurs origines est une valeur.

La mémoire de Lynch est l'expression lugubre assurant l'ubiquité, la pérennité, la formalisation et les rivages des philosophies, des politiques, des religions et des dogmes que prévalent ceux pour qui gouverner au mépris des âmes décimées auxquelles ils attribuent une étiquète de martyr ou de dommage collatéral est présenté comme un impératif de nécessité.

Lors d'un discours livré sur la banque du fleuve James en Virginie, Willie Lynch s'adressa à l'assemblée des planteurs américains en 1712,
Il expliqua que si sa méthode était suivie à la lettre, **les esclaves pourront être gardés sous contrôle pendant des millénaires.**

Le concept de Willie Lynch appelé le syndrome de Willie Lynch par certains sociologues Noirs-Américains, expliquerait pourquoi, dans un optique de vue différent et dans une certaine mesure, ***l'intériorisation du sentiment d'infériorité congénitale garderait les noirs dans un état d'esclavage mental***.

Il se glorifiait d'établir un système qui cloitrerait les hommes noirs dans un esclavage éternel en les gardant séparés, divisés et vivant dans un mépris perpétuel des peuples de même race...

Ce paradigme demeure le socle de certains hommes pour justifier leurs mauvaises actions et le caractère inhumain de leurs agissements.

Cette pensée diaboliquement réfléchie de

Lynch pour maintenir en esclavage l'homme semble demeurer encré dans tous les esclavagistes noirs et blancs, les manipulateurs et les politiques du monde.

Certains ont bien changés les considérations pour définir cette puanteur, mais restent fidèle à cette pensée et s'y conforment lorsqu'ils discourussent. Ils respirent la haine et freignent de vendre l'illusion d'une apparence de bonté à ceux qui dédaignent leurs actions.

B. LA MEMOIRE ESCLAVAGISTE DE LYNCH, UN SOCLE POUR CERTAINS

« Les esclaves pourront être gardés sous contrôle pendant des millénaires »

Cette puanteur exprime le fond de la pensée des suprématistes qui s'emploient à créer des laboratoires humains se substituant au créateur par le pouvoir de la science et l'exercice des méthodes inhumaines pour contrôler l'esprit humains et l'orienter à sa guise.
Cette pensée est pour certains une mission et un idéal de vie pour perpétuer le monument sacro-saint de la pensée érigée en mémoire de Willie Lynch.

LA LETTRE DE WILLIE LYNCH: THE MAKING OF A SLAVE

(Traduction française)

Lors d'un discours livré sur la banque du fleuve James en Virginie, où il s'adressa à une assemblée de planteurs américains en 1712, **Willie Lynch expliqua que si sa méthode était suivie à la lettre, les esclaves pourront être gardés sous contrôle pendant même des millénaires.** Le concept de Lynch, appelé le Syndrome de Willy Lynch par certains sociologues Afro-Américains, expliquerait pourquoi, dans une certaine mesure, l'intériorisation du sentiment d'infériorité congénitale garde les Noirs dans un état d'esclavage mental, même si la plupart prétendent aujourd'hui être pleinement émancipé.

D'après Lynch, il s'agissait d'établir un système sur les plantations selon lequel on garderait les esclaves séparés, divisés, et dans le mépris perpétuel des uns les autres.

Voici le texte intégral de l'infâme discours livré par Lynch en 1712 :

Tiré de "Brown America, The story of a new Race" par Edwin R. Embree.1931 (http://les.traitesnegrieres.free.fr)

http://negronews.fr

http:/centrafrique-presse.over-blog.com

« Messieurs,

Je vous salue ici sur la banque du fleuve de James, par année de notre seigneur mille sept cents et douze. D'abord, je vous remercie, messieurs de la colonie de la Virginie, de m'avoir amené ici. Je suis venu pour vous aider à résoudre certains de vos problèmes avec vos esclaves. Votre invitation m'est parvenue sur ma modeste plantation dans les Indes occidentales, où afin de mieux garder le contrôle de mes esclaves, j'ai eu autant l'occasion d'expérimenter certaines des méthodes les plus récentes que celles les plus anciennes. **De sorte que la Rome antique en serait envieuse si elle pouvait voir mon programme mis en application.**

Pendant que je naviguais vers le sud en direction du fleuve James, baptisé au nom de notre illustre roi, responsable de la version de la bible que nous aimons tant, j'en ai suffisamment vu pour comprendre que votre problème n'est pas unique. Tandis que Rome employait des cordes de bois comme croix pour tenir des corps humains sur le long des routes en grands nombres, vous n'employez l'arbre et la corde qu'à l'occasion. **J'ai capté l'odeur d'un esclave mort**, pendant le long d'un arbre à quelques kilomètres d'ici. Vous perdez non seulement de l'énergie valables à infliger ces pendaisons, mais vous favorisez l'augmentation des soulèvements, des fugues d'esclaves, laissant parfois vos récoltes délaissées trop longtemps aux dépends de vos profits, en plus d'être victimes d'incendies occasionnels et vos animaux sont tués.

Messieurs… vous connaissez bien la cause de vos problèmes ; Je n'ai pas besoin d'élaborer. Je ne suis pas ici pour vous les énumérer, **je suis ici pour vous présenter Une méthode qui vous permettra de les résoudre**.

Dans mon sac ici, j'ai une

MÉTHODE À TOUTE ÉPREUVE POUR

CONTRÔLER VOS ESCLAVES NOIRS.

Je garantis à chacun d'entre vous que si vous implanté bien mon système,

VOUS COMMANDEREZ LES ESCLAVES PENDANT AU MOINS TROIS SIÈCLES.

Ma méthode est simple. N'importe quel membre de votre famille ou de votre plantation Peut l'employer. **J'ai noté un certain nombre de différents parmi les esclaves ; et je manipule ces**

Différences afin de les

Amplifier.

J'EMPLOIE LA CRAINTE, LA

MÉFIANCE ET L'ENVIE POUR LES DIRIGER. Ces méthodes ont fonctionné sur ma modeste plantation dans les Indes occidentales et elle fonctionnera dans tout le sud. Prenez cette simple petite liste de différences et réfléchissez-y. Sur ma liste il y a « L'ÂGE », mais seulement parce que le mot commence par "A." La seconde différence est LA "**COULEUR**" ou le teint. Il y a également « **L'INTELLIGENCE** », **la** « **TAILLE PHYSIQUE** », le « **SEXE** », la « **TAILLE DES PLANTATIONS** », le « **STATUT** » sur les plantations, l'attitude des propriétaires envers certains esclaves, ***la différence entre les esclaves qui vivent dans la vallée ou sur une colline***, à l'est ou à l'ouest, au nord ou au sud, ***entre ceux qui ont les cheveux fins et les cheveux crépus***, ou s'ils sont plus long ou plus court.

Maintenant que vous avez une liste de ces différences, je vous donnerai mon plan

D'action, mais avant cela, **je vous assure que la méfiance est plus forte que la confiance et l'envie plus forte que**

L'adulation, le respect où L'admiration.

Les esclaves noirs, après avoir reçu cet endoctrinement, continueront dans cette lignée et se CONDITIONNERONT eux-mêmes, en reproduisant l'effet pendant des siècles, peut-être même des MILLÉNAIRES.

N'oubliez pas qu'il faut dresser le vieil homme noir contre le JEUNE mâle, et le JEUNE mâle contre le vieil homme. Vous devez employer les esclaves au teint FONCÉS contre les esclaves au teint plus PÂLE, et les esclaves au teint plus PÂLE contre les esclaves au teint FONCÉS. **Vous devez dresser la FEMELLE contre le MÂLE, et le MÂLE contre la FEMELLE.**

Vous devez également vous assurer que vos domestiques et vos serviteurs restent méfiants de tous les nègres. Par contre, il est **nécessaire que vos esclaves ne fassent confiance et ne dépendent**

Que de vous. Ils doivent vous aimer, vous respecter et ne faire confiance qu'à vous.

Messieurs, ces méthodes sont vos clefs du pouvoir. Employez-les. Enseignez-les à vos épouses et à vos enfants, ne manquez jamais une occasion.

MON PLAN GARANTIRA VOTRE RÉUSSITE.

D'autant plus, si vous l'utilisez intensivement pendant une année complète, vos esclaves deviendront perpétuellement méfiants les uns des autres. »

LET'S MAKE A SLAVE (traduction française)

C'était l'intérêt et l'activité des propriétaires d'esclaves d'étudier la nature humaine, et la nature de l'esclave en particulier, en vue de résultats pratiques. Moi et beaucoup d'entre eux ont atteint une compétence étonnante dans cette direction.

Ils n'avaient pas affaire à la terre, au bois et à la pierre, mais aux hommes et, à tous égards, ils avaient besoin de connaître le matériel sur lequel ils devaient travailler pour leur sécurité et leur prospérité, conscients de l'injustice et du tort qu'ils perpétuaient à chaque heure et sachant ce qu'ils feraient eux-mêmes. Étaient-ils les victimes de tels torts ? Ils étaient constamment à la recherche des premiers signes de la redoutable rétribution. Ils regardaient donc avec des yeux habiles et exercés, et apprenaient à lire avec une grande précision l'état d'esprit et le cœur de l'esclave, à travers son visage de sable. La sobriété inhabituelle, les abstractions apparentes, la morosité et l'indifférence en effet, toute humeur hors du commun était un motif de suspicion et d'enquête.

Frederick Douglas « LET'S MAKE A SLAVE » est une étude du processus scientifique de « cassure de l'homme » et de « fabrication d'esclave ». Il décrit la logique et les résultats des idées et des méthodes des Anglo-Saxons pour assurer la relation maître / esclave. « **LET'S MAKE A SLAVE** » « L'original et le développement d'un être social appelé « le nègre » ». Faisons un esclave. De quoi avons-nous besoin ? Tout d'abord, nous avons besoin d'un nègre noir, d'une nègre enceinte et d'un bébé nègre. Deuxièmement, nous utiliserons le même principe de base que nous utilisons pour casser un cheval, combiné avec des facteurs plus durables. Ce que nous faisons avec les chevaux, c'est que nous les brisons d'une forme de vie à une autre ; c'est-à-dire que nous les réduisons de leur état naturel dans la nature. Alors que la nature leur donne la capacité naturelle de prendre soin de leur progéniture, nous rompons avec cette chaîne naturelle d'indépendance et créons ainsi un statut de dépendance, afin que nous puissions en tirer une production utile pour notre activité et notre plaisir.

PRINCIPES CARDINAUX POUR LA FABRICATION D'UN NÈGRE

De peur que nos futures générations ne comprennent pas les principes de briser les bêtes ensembles, le nègre et le cheval. Nous comprenons que la planification économique à court terme entraîne un chaos économique périodique ; afin d'éviter les turbulences dans l'économie, il nous faut avoir la largeur et la profondeur dans la planification globale à long terme, articulant les deux perceptions de façon très pointues. Nous établissons les principes suivants pour la planification économique globale à long terme. **Les chevaux et les nègres ne [sont] pas bons pour l'économie à l'état sauvage ou naturel. Les deux doivent être BRISÉS et LIÉS ensemble pour une production ordonnée.**

Pour un avenir ordonné, une attention spéciale et particulière doit être accordée à la FEMELLE et la plus JEUNE progéniture. Les deux doivent être MÉTISSÉS pour produire une variété et une division du travail. Les deux doivent être enseignés pour répondre à une nouvelle LANGUE particulière.

L'instruction psychologique et physique de CONFINEMENT doit être créée pour les deux. **Nous considérons les six principes cardinaux comme vérité évidente, en nous basant sur le discours concernant l'économie associée à la cassure et la liaison entre le cheval et le nègre**, incluant les six principes énoncés ci-dessus. NOTE : Ni l'un ni l'autre des principes ne suffira à lui seul pour une bonne économie. Tous les principes doivent être employés pour le bien ordonné de la nation. En conséquence, un cheval sauvage et un nègre sauvage ou naturel sont dangereux même s'ils sont capturés, car ils auront tendance à rechercher leur liberté coutumière et, ce faisant, ils pourraient vous tuer dans votre sommeil. Tu ne peux pas te reposer. Ils dorment pendant que vous êtes éveillé et sont éveillés pendant que vous dormez. **Ils sont DANGEREUX près de la maison familiale et cela demande trop de travail pour les regarder loin de la maison.** Surtout, vous ne pouvez pas les amener à travailler dans cet état naturel. Par conséquent, le cheval et le nègre doivent être brisés ; donc les briser d'une forme de vie mentale à une autre. **GARDEZ LE CORPS, PRENEZ L'ESPRIT** ! *En*

D'autres termes, briser la volonté de résister.

Maintenant, le processus de cassage est le même pour le cheval et le nègre, ne variant que légèrement en degrés. Mais, comme nous l'avons déjà dit, il existe un art dans la planification économique à long terme.

VOUS DEVEZ GARDER VOS YEUX ET
PENSÉES SUR LA FEMME ET LA
PROGÉNITURE DU CHEVAL ET DU NEGRE.

Un bref Discours sur le développement de la progéniture fera la lumière sur la clé de principes économiques solides. Portez peu d'attention à la génération de la rupture d'origine,

MAIS CONCENTREZ-VOUS SUR LA
GÉNÉRATION FUTURE.

Par conséquent, si vous cassez la mère FEMELLE, elle brisera la progéniture dans ses premières années de développement ; et quand la progéniture est assez vieille pour travailler, elle te le livrera, parce que ses tendances normales de femelles protectrices aient été perdues dans le processus original de cassage. Par exemple, prenez le cas de l'étalon sauvage, une jument et un poulain et comparez le processus de cassage avec deux mâles nègres capturés dans leur état naturel, une femme nègre enceinte avec sa progéniture infantile. Prenez l'étalon, brisez-le pour un confinement limité. Briser complètement la jument jusqu'à ce qu'elle devienne très douce, alors que vous ou n'importe qui peut la monter dans son confort. Forcez la reproduction de la jument et l'étalon jusqu'à ce que vous ayez la progéniture désirée.

Ensuite, vous pouvez laisser l'étalon en liberté jusqu'à ce que vous ayez besoin de lui à nouveau. Entraînez la jument pour qu'elle mange dans votre main, et elle entraînera à son tour le poulain à manger dans votre main. Quand il s'agit de casser le nègre non civilisé, utilisez le même processus, mais variez le degré et augmentez la pression, de manière à faire un renversement complet de l'esprit. Prenez le nègre le plus méchant et le plus agité, dépouillez-le de ses vêtements devant les autres mâles nègres, la femelle et le nourrisson, goudronnez et plumez-le, attachez chaque jambe à un cheval différent dans des directions opposées, mettez-le en feu et battez les deux chevaux pour l'écarter devant les autres nègres. L'étape suivante consiste à prendre un fouet et à battre les autres mâles nègres jusqu'à la mort, devant la femelle et l'enfant. Ne le tuez pas, **mais mettez la peur de dieu en lui, car il peut être utile pour la reproduction future**.

Après ce gros brulot décapant en conformité à l'esprit du nazisme, je crois être dépourvu des mots assez forts pour le définir.

Je crois qu'Il n'y a pas de mot pour décrire la monstruosité de cette pensée, c'est à se demander si cet homme était né d'une femme.

Néanmoins, elle se justifie ici, l'exploitation des faibles, des âmes affamées et opprimées entretenues dans les zones de guerre et des camps de concentration.
Il s'exprime ici, le caractère inhumain sur base duquel se fonde les politiques économiques des capitalistes qui bâtissent leur forteresse sur l'illusion qu'ils vendent aux pays pauvres qui bradent leurs ressources et exploitent leur peuple.

LE PROCESSUS DE CASSAGE DE LA FEMME AFRICAINE

Prenez la femelle et lancez une série de tests sur elle pour voir si elle se soumettra volontairement à vos désirs. Testez-la de toutes les façons, car elle est le facteur le plus important pour une bonne économie. Si elle montre un quelconque signe de résistance en se soumettant complètement à votre volonté, n'hésitez pas à utiliser le fouet sur elle pour extraire ce dernier souffle d'elle. Faite attention de ne pas la tuer, car ce faisant, vous gâchez une bonne économie. Lorsqu'elle sera complètement soumise, elle formera ses rejetons dans les premières années à se soumettre au travail à l'âge adulte. La compréhension est la meilleure chose. Par conséquent, nous irons plus en profondeur dans cet aspect de la matière concernant ce que nous avons produit ici dans ce processus de cassure de la femelle nègre. Nous avons inversé la relation ; dans son état naturel non civilisé, elle aurait eu une forte dépendance vis-à-vis du mâle nègre non civilisé, et elle aurait eu une tendance protectrice limitée envers sa progéniture mâle indépendante et élèverait les progénitures mâles pour être dépendants comme elle. **La nature a prévu ce type d'équilibre. Nous avons inversé la nature en brûlant et en séparant un nègre civilisé et en fouettant l'autre jusqu'au point de mourir, tout en sa présence.** ***En étant laissée seule, sans protection, avec l'IMAGE MALE DÉTRUITE***, l'épreuve l'a amenée à passer de son état psychologiquement dépendant à un état paralysé et indépendant.
Dans cet état d'indépendance psychologique paralysé, elle va élever son MÂLE et sa progéniture femelle dans des rôles inversés. Pour la PEUR de la vie du jeune homme, elle l'entraînera psychologiquement à être

MENTALLEMENT FAIBLE et DÉPENDANT, mais PHYSIQUEMENT FORT. Parce qu'elle est devenue psychologiquement indépendante, elle formera ses rejetons FEMELLE à être psychologiquement indépendante. Qu'avons-nous là?

Vous avez la FEMME nègre DEVANT ET L'HOMME NÈGRE DERRIÈRE ET EFFRAYÉ. C'est une situation Parfaite de sommeil et d'économie. Avant le processus de cassage, ***nous devions être vigilants en tout temps. Maintenant, nous pouvons dormir à poings fermés, car par peur paralysante, sa femme veille sur nous.*** Il ne peut pas passer

Par-dessus son processus d'esclavageassions à elle Il est un bon outil, maintenant prêt à être attaché au cheval à un âge fragile. Au moment où un nègre atteint l'âge de seize ans, il est profondément orsé et prêt pour une longue vie de travail solide et efficace et la reproduction d'une unité de bonne main-d'œuvre. À travers la cassure continuelle des nègres sauvages non civilisés, en jetant la femelle nègre sauvage dans un état d'indépendance psychologique paralysé, en tuant l'image masculine protectrice, et en créant un esprit dépendant soumis de l'esclave mâle nègre, nous avons créé un cycle orbital qui tourne sur son propre axe pour toujours, à moins qu'un phénomène ne se produise et ne change la position des esclaves mâles et femelles. Nous montrons ce que nous entendons par l'exemple. Prenons le cas de deux unités esclavagistes économiques et examinez-les de près.

LE MARRIAGE NÈGRE

Nous élevons deux mâles nègres avec deux femelles nègres. Ensuite, nous prenons les mâles nègres et les gardons-en
Mouvement et en travaillant. Supposons qu'une femme nègre porte dans son ventre une femelle nègre et que l'autre porte un mâle nègre ; les deux femelles nègres - étant sans influence de l'image masculine du nègre, paralysées par une psychologie indépendante - vont élever leur progéniture dans des positions inverses. Celle avec la progéniture femelle lui apprendra à être comme elle-même, indépendante et négociable (**nous négocions avec elle, à travers elle, par elle, la négociation à volonté**). Celle avec la progéniture masculine de nègre, ayant une peur subconsciente paralysante pour sa vie, l'élèvera mentalement dépendant et faible, mais physiquement fort ; en d'autres termes, le corps sur l'esprit. Maintenant, dans quelques années, lorsque ces deux progénitures deviendront fertiles pour une reproduction précoce, nous les accouplerons, les multiplierons et continuerons le cycle. Voici la bonne et efficace planification globale à long terme.

AVERTISSEMENT : POSSIBLES MÉLANGES NÉGATIFS

Plus tôt, nous avons parlé du bien non économique du cheval et du nègre dans leur état sauvage ou naturel ; nous avons parlé du principe de les casser et de les lier ensemble pour une production ordonnée. En outre, nous avons parlé d'accorder une attention particulière à la femelle sauvage et sa progéniture pour la planification ordonnée future, puis plus récemment nous avons déclaré qu'en inversant les positions des sauvages mâles et femelles, nous avons créé un cycle orbite qui tourne sur son propre axe pour toujours à moins qu'un phénomène ne se produise et ne déplace les positions des sauvages mâles et femelles.

Nos experts nous ont avertis de la possibilité que ce phénomène se produise, car ils disent que l'esprit a une forte tendance à se corriger et à se rectifier sur une période de temps s'il peut toucher une base historique originelle substantielle; ***et ils nous ont conseillé que la meilleure manière de traiter le phénomène est de raser l'histoire mentale de la brute et créer une multiplicité de phénomènes d'illusions***, de sorte que chaque illusion virevolte dans sa propre orbite, quelque chose semblable aux balles flottantes dans le vide. Cette création de la multiplicité des phénomènes d'illusions entraîne le principe du croisement entre le nègre et le cheval, comme nous l'avons dit plus haut, dont le but est de créer une division du travail diversifiée ; créant ainsi différents niveaux de travail et différentes valeurs d'illusion à chaque niveau de travail.

Le résultat de ceci est la rupture des points originaux de départs pour chaque sphère d'illusion. Puisque nous estimons que le sujet peut se compliquer au fur et à mesure que nous établirons notre plan économique concernant le but, la raison et l'effet du croisement des chevaux et des nègres, nous établirons les termes de définition suivants pour les générations futures. Cycle en orbite signifie une chose tournant dans un chemin donné. Axe signifie sur lequel ou autour de laquelle un corps tourne. Le phénomène signifie quelque chose au-delà de la conception ordinaire et inspire la crainte et l'émerveillement. La multiplicité signifie un grand nombre. Signifie un globe. Le croisement d'un cheval signifie prendre un cheval et forcer la reproduction avec un âne et vous obtenez une mule à tête longue, muette, arriérée, qui n'est pas reproductrice ni productive par elle-même. Les croisements de nègres signifient prendre autant de bonnes gouttes de sang blanc et les mettre dans autant de femmes nègres que possible, en variant les gouttes par les différentes tontes que vous voulez, et en les laissant se reproduire jusqu'à ce qu'un autre cercle de couleur apparaisse comme vous le désirez. Qu'est-ce que cela signifie : Mettez les nègres et le cheval dans un pot d'élevage, mélanger des ânes et du bon sang blanc et qu'est-ce que vous obtenez ? Vous avez une multiplicité de couleurs d'âne arriéré, de nègres anormales, en train de courir, attachés à des mules à tête allongée, l'une productive par elle-même, l'autre stérile. (L'une constante, l'autre mourante, nous gardons la constante du nègre car nous pouvons remplacer les mules par un autre outil) les deux mules et nègres liés les uns aux autres, ne sachant pas d'où vient l'autre aucun productif par eux-mêmes, ni l'un sans l'autre.

LANGAGE CONTRÔLÉ

Le croisement terminé, pour une nouvelle séparation de leurs origines, NOUS

DEVRONS ANNIHILER COMPLÈTEMENT LA

LANGUE MATERNELLE du

Nouveau nègre et de la nouvelle mule, et instituer un nouveau langage qui implique le travail de la nouvelle vie des deux. Vous savez que la langue est une institution particulière. Cela conduit au cœur d'un peuple. Plus un étranger connaît la langue d'un autre pays, plus il est capable de se déplacer à tous les niveaux de la société. Par conséquent, si l'étranger est un ennemi du pays, dans la mesure où il connaît le corps de la langue, dans cette mesure, le pays est vulnérable à l'attaque ou à l'invasion d'une culture étrangère. Par exemple, si vous prenez un esclave, si vous lui enseignez tout sur votre langue, il connaîtra tous vos secrets, et il n'est plus alors un esclave, car vous

Ne pouvez pas le tromper plus longtemps, et être un fou est un des ingrédients

de base de tout incident à

l'entretien du système

d'esclavage. Par exemple, si vous avez dit à un esclave qu'il devait effectuer « nos récoltes » et qu'il connaissait bien la langue, il saurait que « nos récoltes » ne signifiaient pas « nos récoltes » et le système d'esclavage s'effondrerait, car il se relaterait sur la base de ce que « nos récoltes » signifie vraiment. Donc, vous devez faire attention à la mise en place de la nouvelle langue ; car les esclaves [2]seraient bientôt dans votre maison, vous parlant d'homme à homme et c'est la mort de notre système économique.

---

[2] T[2]he Cotton Pickin' Truth: Still on the

Plantation Frederick Douglass Narrative ..Life as a slave in America (Virginia.edu)

De plus, les définitions de mots ou de termes ne représentent qu'une infime partie du processus. Les valeurs sont créées et transportées par la communication à travers le corps de la langue. Une société totale a de nombreux systèmes de valeurs interconnectés. Toutes les valeurs dans la société ont des ponts de langage pour les relier à un travail ordonné dans la société. Mais pour ces passerelles linguistiques, ces nombreux systèmes de valeurs entreraient en conflit et provoqueraient des conflits internes ou des guerres civiles, le degré du conflit étant déterminé par l'ampleur des problèmes ou par la force relative opposée sous quelque forme que ce soit. Par exemple, si vous mettez un esclave dans un enclos et que vous l'entraînez à vivre dedans et que vous l'incorporez comme un mode de vie, le plus gros problème que vous pourriez avoir, c'est qu'il vous ennuierait à garder l'enclos propre, ou le même l'enclos et pourrait faire un faux pas et incorporer quelque chose dans sa langue par laquelle il en vient à vouloir une maison plus que son enclos, vous avez un problème. Il sera bientôt dans votre maison.

Henry Berry 1832

Note additionnelle : "**Henry Berry**, parlant à la Chambre des délégués de Virginie en 1832, décrivit la situation telle qu'elle existait dans de nombreuses régions du Sud à cette époque :" **Nous avons, autant que possible, fermé toutes les voies par lesquelles la lumière peut entrer leurs esprits (les esclaves)**. Si nous pouvions éteindre la capacité de voir la lumière, notre travail serait complet ; ***ils seraient alors au niveau des bêtes des champs et nous devrions être en sécurité***. Je ne suis pas certain que nous ne le ferions pas, si nous pouvions trouver le processus et cela sur le plaidoyer de la nécessité. «**Traduction française de From Brown America, The story of a New Race by Edwin R. Embree. 1931 The Viking Press.**

Aucun aspect de la vie de l'homme n'a été mis de côté !

C'est incroyable ce que peut offrir un esprit enténébré par la haine et le désir inuit de contrôle et d'assujettissement.

C'est ici l'expression profonde macabre, immorale et répugnante de l'âme de Lynch et ses paires !!!

Il ne s'agit guère d'une simple méthode d'exploitation d'esclaves, mais d'une doctrine de reformalisation de la pensée humaine dans le but de recréer une race soumise totalement à l'homme puissant.

La divinité de l'homme devrait le pousser à la créativité et non à la manipulation de l'esprit humain. Il n'y a pas plus inhumain que de se prévaloir de la liberté de manipuler l'esprit de l'homme, je crois que toute cette barbarie naquit de l'impossibilité de l'esprit malveillant à soumettre l'esprit de son semblable.
Lynch doit être fière d'avoir légué une pensée de vie à plusieurs qui justifient leur action ou leur inaction face à la désolation, à la maltraitance et au mépris de la vie des autres, pourvus que les mots conviennent à la clarté de l'esprit pour ne pas heurter la bonne moralité et la sensibilité de certains.

Plusieurs adoptent le silence pour participer par leur inaction aux actions des oppresseurs qui déciment les faibles.

Je paraphrase, Gandhi a écrit :

Vaut mieux être violent quand la violence rempli note cœur, que de revêtir le mentaux

de la non-violence pour dissimuler notre impuissance…

Pour certains, cela justifie leur impuissance, mais certains participent consciemment ou inconsciemment à la destruction par leur neutralité ne favorisant que les desseins de l'oppresseur et de celui qui se donne pour mission de rependre le sang.

Certains argumentent et discourissent de manière à justifier leurs mauvaises actions pourvu qu'ils convinssent leur esprit à avaler leur propre saleté.

Il n'y a rien qui insulte le fondement du bon sens, de ses valeurs et de sa moralité qui soit acceptable, qu'importe le blason qu'on lui colle. **Qu'importe l'éloquence dans laquelle les âmes troublées et dépourvues d'amour**

discourissent, leur fond est amer et leurs entrailles n'engendre que douleur et ne cause que désolation.

Il faudrait etre psychiquement dégradé et mort en soi-même pour avoir un mépris de sa propre personne et réduire son semblable à un animal.

Tuerie d'Amritsar :

Plusieurs siècles après la mort de monsieur Lynch, le 13 avril 1919 Lynch revivra par sa brutalité morale sur le peuple indien par les tueries à **Amritsar,** et cela éveilla l'inde dans sa conscience et s'engagea dans la bataille de son indépendance.

Le 13 avril 1919, pendant plusieurs minutes, les soldats britanniques en plein colonialisme ouvrirent le feu sur les participants à un rassemblement pacifique contre le **Rowlatt Act**, tuant entre 400 et 2000 personnes selon plusieurs sources,

Cette loi offrait le pouvoir au gouvernement d'emprisonner et de juger arbitrairement les indiens soupçonnés de participer à l'agitation...

Winston Churchill qualifia cela de monstrueux et prit en dégout cette tueries que le **général Dyer** qui avait ordonné aux soldats de tirer sur la foule des manifestants et qualifia cette acte inhumain et immorale **de correction morale**.

Cela allait au-delà de l'envie de réprimander la foule ou de la repousser, ce fut une expression profonde du mépris de la vie des indiens par le Général anglais et sa meute.

Je regarde le monde autour de moi et je vois une seule race, elle est une et humaine, qu'importe les couleurs des peaux qui la différencient, qu'importe la doctrine qui la gouverne et la culture qui la fonde, elle est en tout point la seule dominante et gouvernante du monde.

La mémoire de Lynch refait surface de bien de manière pour appuyer les puissances qui investissent dans les zones instables et qui alimente des guerres qui déciment des peuples innocents partout en Afrique et partout dans le monde.

La mémoire de lynch est partout là où les hommes se font opprimés et lynchés pour les maintenir à terre pendant que les puissants pillent leur sol, exploitent leurs enfants et violent leurs femmes.

Pour priver l'homme noir de son indépendance, l'homme blanc invente des systèmes économiques, politiques et sociaux pour défavoriser l'homme noir et le rendre totalement dépendant de l'homme blanc.

Le fond de la pensée de Lynch d'abrutir l'homme noir n'a jamais été enterré et ne connait que des mutations génétiques aussi identiques que le père qui l'a engendré.

B. LA MEMOIRE DES NOIRS ET LE PAROXYSME BLANC

Les souvenirs de la traite sont un rêve dont je me suis choisi de me réveiller pour le bien de l'humanité, et si je n'aurais pris pour appui le pilier de l'amour et le fondement du pardon, je puis rester misérable éternellement.

LE DISCOUR DE NELSON MANDELA

10 mai 1994, à l'investiture : « une nation arc-en-ciel en paix avec elle-même et avec le monde »

Il exposa sa grandeur d'âme par ses motivations et son engagement politique, sa vision et les prémices de la **NATION** future « **Nation arc-en-ciel** ».

« Un idéal pour lequel je suis prêt à mourir »

Le 27 Avril 1994, Nelson Mandela est élu à la tête de l'Afrique du sud avec 62,2% des voix, Nelson Mandela prête serment et devient le premier président noir de l'Afrique du sud.

Discours

"De l'expérience d'un désastre humain inouï qui a duré beaucoup trop longtemps, doit naitre une société dont toute l'humanité sera fière. Nous le peuple d'Afrique du sud, nous sentons profondément satisfaits que l'humanité nous ait repris en son sein, et que le privilège rare d'être l'hôte des Nations du monde sur notre propre terre nous ait été accordés, à nous qui étions hors la loi il n'y a pas si longtemps.

Le temps est venu de panser nos blessures.

Le moment est venu de réduire les abimes qui nous séparent. Le temps de la construction approche. Nous avons enfin accompli notre émancipation politique. Nous nous engageons à libérer tout notre peuple de l'état permanent d'esclavage à la pauvreté, à la privation, à la souffrance, à la discrimination liée au sexe ou à toute discrimination. Nous avons réussi à franchir le dernier pas vers la liberté dans les conditions de paix relative. Nous nous engageons à construire une paix durable, juste et totale. Nous avons triomphé dans notre effort pour insuffler l'espoir dans le cœur des millions de nos citoyens. Nous prenons l'engagement de bâtir une société dans laquelle tous les Sud-Africains[3], blancs ou noirs, pourront marcher tête haute sans aucune crainte au fond de leur cœur, assurés inaliénable à la dignité humaine -une Nation arc-en-ciel en paix avec elle-même et avec le monde.
Le soleil ne se couchera jamais sur une réussite humaine si glorieuse"

MA PENSEE :

Tous les noirs ne sont pas vengeurs et tous les blancs ne sont pas esclavagistes manipulateurs et meurtriers !!!

Certains dans la crainte de voir les opprimés se soulever après des siècles de racismes congénitaux perpétré sur les faibles, craignent pour leur vie, car dans leur esprit, "***l'expression de leur cruauté et la violence de leurs actions passées crient plus fort dans leur esprit que la puissance libératrice du pardon et le souffle gracieux de l'amour que peut leur offrir les opprimés***".

Je ne puis guère m'arroger le droit de parler aux noms de tous ceux qui ont subi la cruauté des puissants d'autrefois, ce dont je puis me permettre est de croire dans la beauté du pardon et la force salvatrice de l'amour qui peut libérer même l'âme humaine la plus troublée et la plus meurtrie.

Je puis croire dans la pureté de l'amour et celle du pardon, car elle peut effacer les traces et supprimer les cicatrices de la torture encrées dans les profondeurs de l'âme humaine ; même si elle ne peut effacer les souvenir de la traite, elle peut reposer l'esprit et permettre à l'espoir de revenir et à la vie de se redéfinir dans un tournant paisible.

La race humaine n'a qu'une seule âme, l'expression de la vie exprimée sous plusieurs couleurs, plusieurs cultures défendant toute la préciosité de la vie.

La mémoire des noirs et celles des blancs sont figées dans les considérations dans lesquelles elle se choisit de se forger :

1. Certains prennent toujours en très haute estime l'homme blanc que les hommes de couleurs variées.
2. Certains dédaignent naturellement l'homme blanc et pensent imputer la monstruosité des pères aux fils qui pour certains n'adhèrent pas aux convictions in humanisées de leurs pères.
3. La monstruosité de la colonisation a fait perdre à certains la confiance totale des autres, certains se prennent en dégout eux-mêmes et gardent en mémoire le chagrin transmit par le regard de leur mère et la honte lue sur le visage de leur Père.
4. Certains ont émigrés vers l'occident et apprennent leurs habitudes, leurs sciences, leurs techniques de combats, leurs politiques et leurs technologies à des fins de s'équiper pour redorer leur blason par le sang qu'ils s'apprêtent à verser.
5. Certains se sont forgés une Toure et se sont bâti une coquille dans leur subconscient pour s'y réfugier en prenant sur eux leur malheur comme la vie qui leur a été destinée. Ils vivent en paix avec eux-mêmes et acceptent les cicatrices de leurs corps.

Chacun développe en mémoire ce avec quoi il choisit le mieux pour vivre en paix avec lui-même et le monde autour de lui.

Les contestations, les rebellions et les mutineries des soldats manipulés pour opprimer les faibles contre leurs patrons blancs ou noirs sont l'expression de la lutte et du ras-le-bol de l'âme meurtrie et ensanglantée qui crie vengeance et qui réclame justice.

La cruauté qu'on subit certains les ont marqués des traces ineffaçables et se sont déguisés en meurtrier contre leurs propres frères.

Ils se font manipuler pour détruire leur propre frère pourvu qu'ils y trouvent leur compte.

Depuis deux décennies, l'Est de la République Démocratique du Congo est le théâtre des massacres et des viols.

Les meurtres s'enchainent et le mépris de la vie est observé dans ce coin du pays.

La RDC a connu la guerre la plus sanglante et la perte en vie humaines la plus monstrueuse exceptées les deux guerres mondiales, mais cela passe sous silence et on chante les louanges de ceux qui s'enrichissent et qui bâtissent leur trésor sous les cris des âmes précocement arrachées à leur nation.

Plus de 10.000.000 des morts et cela passe sous silence de la communauté internationale, est plus étonnant, les meurtriers se voient adulés et célébrer en héros, si **dame Judi Rêver** pouvait voir cela, elle mettrait en lettrine des traits émoussés qui exhale l'hypocrisie des puissants dans ses révélations sur **"RWANDA éloge du sang"**.
Est-ce de la complicité ou de l'impuissance face à cette barbarie orchestrée par les puissants du monde maniant l'âme insensible africaine comme une arme et l'outil pour détruire la gâchette du développement africain et le pilier de l'équilibre planétaire ?

Le 16 juillet 2020 dans les plateaux de Fizi à Itombwe dans le kipupu, plus de 200 personnes civiles sauvagement massacrées en une seule journée sous l'œil impuissant des villageois sans intervention des puissants et de ceux qui gouverne.

L'âme noire est meurtrie et la mémoire remplie de ténèbres causée par le chagrin qui brule telle une flamme alimentée jours après jours par les meurtres systématiques orchestrés par les méchants qui s'arrogent le droit d'ôter la vie qu'ils sont incapables de rendre.

Je vois tous les jours s'écrire un souvenir cruel en mémoire des gouvernés à qui on vend l'illusion du pouvoir au peuple par le biais du culte de la démocratie,

Une bombe de chagrin profond et de douleur noire fera éclatée la révolte pour engendrer la liberté et l'indépendance si aucune issue de paix n'est envisagée.

Faudrait-il en politique **une âme de Mandela** pour établir l'équilibre des peuples et l'harmonie dans la communion des nations ?

J'ose croire que la tempérance et le tempérament de Mandela l'ont bien servi de bouclier contre la vengeance et la haine pour pouvoir surmonter la partialité enracinée dans le fond de son cœur après avoir subi de l'homme blanc l'humiliation et l'injustice.

Si après lui avoir pissé dessus, il a pu puiser dans son for intérieur assez d'énergie pour pardonner et serrer la main de son ennemi, il doit avoir vu dans l'amour et le pardon ce que le monde se refuse de voir pour être aussi cruel et inhumain.

Aucune âme ne reste éternellement clouée sous le joug de l'esclavage ; même le pouvoir de la division fondant le règne des méchants ne triomphe pas toujours d'elle.

L'âme noire et assombrie par les ténèbres de la cruauté fera naitre bien plus des alliances de forces d'autodestructions mutuelles qui se fonderont pour créer une illusion de paix par crainte des dangers que causera l'impossibilité des nations et des peuples à cohabiter ensemble.

Les ailes de pouvoir qui scindent le monde en plusieurs branches renforcent la discrimination, le suprématisme, la manipulation des faibles et la spoliation des biens d'autrui pour imprimer en mémoire de certains, la mort et les outils de destructions qui feront éclater le siècle présent et précipiter la venue des siècles avenirs.
L'âme noire porte les couleurs aigres et amères du sang des cous égorgés et des cœurs percés par des balles et par des épées des bourreaux qui l'ont prise.

L'âme noire a le poids de la faim, du pillage de ses ressources et de la honte de son impuissance face aux forces qui l'opprime.

L'âme noire porte les couleurs de l'amour, du pardon et de l'hospitalité naturelle et légendaire dont elle fera toujours preuve.

L'âme noire et la race humaine opprimée est le berceau de l'humanité que l'on a déprimé et qui a renversé l'écosystème du monde et qui a causé le déséquilibre social planétaire.

Les plus forts on prie pour pédagogue, les cruautés subies, la honte et le rejet et se sont édifiés par la part de beauté et des valeurs inscrites dans l'âme de l'humanité pour supprimer les cicatrices qui ont gravés en leur mémoire les souvenirs des crimes éhontés de leur passé ensanglanté de misère, de peine et de chagrin.

Comme Mandela, Ils ont choisi de marcher sur leur honte, ils ont anéanti leur colère et ont avortés leurs vengeances et se sont servi de leur profonde douleur pour générer assez d'amour et de force pour unir des peuples des cultures différentes autour des valeurs et des idéaux communs.

Je ne comprendrai jamais que l'illusion de paix entre nation ait pour pilier les moyens de persuasion et de contrainte militaire qu'elles ont, au lieu et place du bon sens de l'humanité de préserver la vie.

CHAPITRE IV

L'AFRIQUE A L'AUBE DU CHANGEMENT

Si par le sacrifice et par le sang, les héros africains ont érigé les monuments de leurs idéologies ; certains d'entre eux ont inscrit dans l'âme de leur peuple, leur vision par des discours, d'autres l'ont offert dans le silence face l'injustice qui a précipité leurs âmes dans les lieux inconnus faisant plusieurs héros inconnus sous le soleil.

Si Kadhafi avait bien scruté les politiques du monde et éructé de ses entrailles « ***le monde en plein bouleversement mais sans changement*** », il pourrait reposer sa pensée sur le mécanisme qui actionne et perpètre le mal par le soutien systémique des lois et des constitutions farfelues qui ne desservent au mieux que ceux qui gouvernes et les aristocrates piégés dans leur complexe de supériorité.

Le changement est inscrit dans l'esprit de toute être comme une encre dans la mer ; un choix de liberté et de paix à laquelle aspire chaque être humain.

A. Le changement :

Les facteurs qui influencent la vie des hommes deviennent de plus en plus difficiles à contrôler.

Les barrières du racisme et de la discrimination tombent, car frappées de plein fouet par l'amour et le désir des peuples de cohabiter ensemble.

Les cultures, La science et les religions, la dispensation des langues multiples rendue possible par les migrations des peuples à la recherche de la meilleure instruction. Les migrations créent une communauté planétaire puissante.

Les liens qui se créent entre peuples des nations appellent à l'existence des amitiés et de l'amour, l'illusion de la désunion des peuples est vendue et exploité par les politiques, mais les bas peuples apprennent à vivre ensemble pour préserver la préciosité de la vie.

Si certaines espèces qui forme le corps de la création s'adaptent à l'environnement et se développent de manière à vivre confortablement loin de leurs milieux naturels ; il serait stupide de cloitrer éternellement un esprit dans l'esclavage morale, psychologique ou antireligieux.

Je crois que l'humanité de l'homme prévaut et prévaudra sur la domination politique dictatoriale et centralisée de ceux qui s'emploient à détenir le monde en captivité en volant leur droit par la détention du pouvoir d'achat et le droit à la vie et à la liberté des peuples de s'émouvoir.

Lors du Procès de Rivonia, Mandela discouru le 20 Avril 1964 en ce terme « ***...la souffrance des africains, ce n'est pas seulement qu'ils sont pauvres et que les blancs sont riches, mais bien que les lois qui sont faites par les blancs tendent à perpétuer cette situation...*** »

Les moralisateurs et les donneurs de leçon ne témoignent pas par leur exemple de la défense de leurs idéaux

Si la douceur et la beauté des cultures qui devraient favoriser la cohabitation des peuples divisent, je ne puis croire que les avancées technologiques dans l'armement puissent rétablir l'équilibre et la cohésion des Nations, elles ne feront que susciter les esprits malveillants à l'orgueil et les inciter à sévir et à assujettir les faibles ...

Ce que le bon sens de l'humanité ne peut résoudre, les canons à poudre ne peuvent que le faire exploser.

Il est impensable d'imposer une paix durable par la puissance contraignante du feu, car la fraicheur du trou de canon est chaude pour quiconque s'y voit rattacher, fort ou faible tous s'inclinent.

Le changement est inévitable, soit par la

Révolte et le sang, soit par la mondialisation.

Les liens que créent les migrations ramènent les peuples des nations à leur véritable humanité, qu'importe la diversité des langues, des cultures et des couleurs.

THOMAS Sankara dira :

"L'Esprit de liberté, de dignité, de compter sur ses propres forces, d'indépendance et de lutte anti-impérialiste doit souffler du Nord au Sud, du Sud au Nord et franchir allègrement les frontières. D'autant plus que les peuples africains pâtissent des mêmes misères, nourrissent les mêmes sentiments, rêvent des mêmes lendemains meilleurs".

Je me permets de croire qu'importe les limites des frontières, la diversité des langues, des cultures et les religions des peuples, l'oppression a pour tous, ***"le gout de la douleur"***. Les larmes ont pour tous l'expression de l'amertume, de la vengeance et de l'impuissance. Les peuples aspirent tous à la même liberté.

La liberté n'est pas inspirée ni insufflée par un autre, elle se couche dans les profondeurs de chaque âme heureuse et se réveille naturellement avec férocité dans chaque âme meurtrie, car elle est fondamentale à la vie et à la dignité humaine.

Le peuple du monde dans ses diverses couleurs souffre des mêmes douleurs et recherche la même liberté, car ceux qui les opprime sont tous fils d'un même père qu'importe leur raison et leur motivation, ils servent tous la mort.

B. PARADOXE

Se définissant comme défenseurs de la loi et promoteurs des valeurs pour le maintien de paix ; ils créent des systèmes de répression des peuples qui se lèvent contre l'injustice et contre les répartitions inéquitables des richesses qui perpétuent le mal en renforçant le fauteuil des aristocrates et des belligérants au cœur du pouvoir qui privent aux faibles leurs moyens de défense.

B1. MOTEUR DE CHANGEMENT

B1.1 La révolte des peuples :

Le Printemps Arabe,

Il y a 10 ans, le 17 Décembre 2010, un jeune marchand de légumes tunisien s'est immolé par le feu, et de là, la peur s'est dissipée au cœur des millions de ses frères arabes qui ont accepté de hisser haut le flambeau et les cris du Martyr par des soulèvements contre les pouvoirs autoritaires.

Né en Tunisie à la fin de 2010, un mouvement puissant de contestation s'est rapidement propagé durant le printemps de 2011 à d'autres pays du

Maghreb et du Moyen-Orient Durant ce « **printemps arabe** », les populations protestent à la fois contre **la pauvreté**, **le chômage**, contre la **tyrannie** et **la corruption** de gouvernements autoritaires installées au pouvoir depuis des lustres.

De janvier à Mars 2011, six pays, Le Yémen, L'Egypte, Bahreïn, La Tunisie, La Lybie et la Syrie entrèrent en révolution.

Il a suffi à une tige d'allumette pour embraser les cinq continents et mettre à terre des grands dictateurs. Le sang du Martyr Tunisien alimente encore en ce jour l'instabilité et les protestations que connaît le monde, bien pire que les attentats les plus meurtriers qu'a connu le monde.
Les soulèvements incessants des congolais qui crient à l'installation d'un tribunal international contre les crimes commis en RDC de 1993 à 2003 (**Rapport Mapping des NU**), sont l'expression de la colère et du ras-le-bol contre l'injustice de ceux qui gouverne et des puissances étrangères qui les soutiennent.

La RDC, le soudan, la Lybie, Le Mali, La Cote d'Ivoire, le Cameroun et bien d'autres nations rêvent tous de la même liberté.

Il y a assez de folie dans cette jeunesse africaine pour attiser les plus grandes flammes de contestation révolutionnaire qu'aucun autre continent du monde n'a connue jusque-là.

Je crois que la jeunesse africaine s'est souvenue des mémoires de Thomas

Sankara qui disait :

Vous ne pouvez pas accomplir des changements fondamentaux sans une certaine dose de folie. Dans ce cas précis, cela vient de l'anticonformisme, du courage de tourner le dos aux vielles formules, du courage d'inventer le futur. Il a fallu les fous d'hier pour que nous soyons capables d'agir avec une extrême clarté aujourd'hui. Je veux etre un de ces fous. Nous devons inventer le futur.

MA LECTURE

A chaque peuple son modèle et ses outils de révolution. Quoi qu'il en soit, qu'elle soit alimentée du profond désir de liberté et du salut des nations.

CHAPITRE TROIS V

LES VISIONS DITES DANS UN DISCOURS

Martin Luther King

Extraits du discours de Martin Luther King lors de la marche sur Washington 20 aout 1963.
Je vous le dis ici et maintenant, mes amis : même si nous devons affronter des difficultés aujourd'hui et demain, je fais pourtant un rêve. (…) je rêve que, un jour, notre pays se lèvera et vivra pleinement la véritable réalité de son crédo : **« nous tenons ces vérités pour évidentes par elles-mêmes que tous les hommes sont créés égaux »,** je rêve que, un jour, sur les rouges collines de Géorgie, les fils des anciens esclaves et les fils des anciens propriétaires d'esclaves pourront s'asseoir ensemble à la table de la fraternité.

(…) Je rêve que, un jour l'Etat du Mississippi lui-même, tout brulant des feux de l'injustice, tout brulant des feux de l'oppression, se transformera en oasis de liberté et de justice. Je rêve que mes quatre petits-enfants vivront un jour dans un pays ou on ne les jugera pas à la couleur de leur peau, mais à la nature de leur caractère. Je fais aujourd'hui un rêve !
Je rêve que, un jour, même en Alabama (…), les petits garçons et les petits garçons et petites filles noirs, les petits garçons et les petites filles blancs, pourront tous se prendre par la main comme frères et sœurs. Je fais aujourd'hui un rêve.

Je me donne à croire que :

Si le sang et la chicotte dans les champs de coton et des plantations de caoutchouc ont écrit dans les cœurs des esclaves les mélodies de profonds chagrins, si le dédain et la ségrégation raciale ont connus leurs jours glorieux,

Si l'humiliation, la honte et le rejet ont exprimés dans toute la puissance de leur mot leurs véritables sens ; je pense que chaque sueur, chaque larme, chaque nuit agitée, chaque désolation connue, chaque lutte exercée contre l'esclavage et la ségrégation raciale avaient une raison profonde d'exister, puisqu'elles ont alimenté le souffle qui a conduit les peuples des nations à leur liberté.

Mzé Laurent Désiré Kabila disait

Je paraphrase un extrait du discours de Mzé Laurent Désiré Kabila dans son adresse à la Nation.

"***Je pense que c'est mieux de mettre en place une structure qui engage tout le peuple dans la défense de ses intérêts***

Politiques, sociale, territoriale et économique…afin de se rendre maitre de ses terres, de son avenir et d'en détenir les clés du changement".

Ce discours programme est un héritage à la nation congolaise et aux peuples opprimés du monde entier.

Si la démocratie prévaut le pouvoir au peuple, pour le peuple et par le peuple, elle devrait aussi choisir d'investir le peuple dans la défense des intérêts sociaux politiques et économiques des nations sans avoir à les mater ou donner son pouvoir de vote à un nombre très restreint des personnes et croire prôner la liberté des peuples.

On lui attribuera bien des noms, mais la liberté n'en fera pas partie.

Ce speech est un lui seul un rêve et une vision pour l'équilibre du monde et l'établissement d'équité dans les rapports humains.

Lorsque la Révolution américaine éclata en 1775, GW fut nommé commandant en chef de l'armée continentale,

Si malgré ses multiples échecs de bataille, le Général George Washington pouvait avant leur naissance, taire le crépitement des balles qui a rendu aux américains leur liberté ; il aurait hypothéqué l'avenir de son peuple contre une mare de sang et **George Floyd** se verrait écraser moralement, politiquement, religieusement et physiquement dans les rues des USA du lever au coucher du soleil.

Son engagement a à perpétuité écrit dans les annales de l'esprit américain ses lettres dans toutes les nuances de liberté péniblement acquise avec le sang rouge des âmes de différentes couleurs.

CHAPITRE VI

A. LES MEMOIRES ETERNELLES DANS LES ANNALES DES NATIONS

A1. MES MEMOIRES

Il sera à jamais écrit dans les annales des nations que le mépris de la vie soufflera au cœur des politiques suprématistes au dépend des intérêts économiques et politiques.

La mémoire des héros et celles de leurs bourreaux Justifie les traités et les alliances entre les nations frères et ennemies, elle limite la ligne de liberté et fixe les bornes de la vengeance, elle tire les ficelles qui maintiennent l'équilibre des politiques du monde.

Il ne me sied guère de justifier la monstruosité des âmes troublées, car immorale, mais qu'importe la cruauté ou la beauté de leurs actions, ils sont tous la mémoire politique, philosophique, sociologique sur laquelle repose l'équilibre institutionnelle et constitutionnelle des états, des royaumes et des Nations.

On effacera de nos mémoires, l'image d'un riche héritier traiteur d'esclave de virginie,

On ne comptera pas le nombre élevé de ses échecs que celui de ses victoires sur le champ de batails dans la course à la liberté,

On ne lui imputera pas le poids des douleurs des esclaves issues des plantations de son père,

On retiendra en mémoire la valeur de son sacrifice sur le champ de bataille, de son engagement dans la course à l'abolition de l'esclavage.

On retiendra de lui, tout comme le collège des pères fondateurs, l'esprit sur lequel repose l'équilibre moral, constitutionnel et institutionnel des USA.

De la plantation de ses parents à l'arpenteur à 17 ans dans les terres non colonisées, il devint commandant des troupes de virginie pendant la guerre franco-indienne en 1754, et de là, il fut nommé commandant en chef de l'armée continentale lors de la révolution américaine qui éclatât en 1775,

Il se bat avec ses troupes pour l'obtention de l'indépendance de la grande Bretagne.

Ses multiples stratégies de batails offrant la victoire de Trenton en 1776 avec la traversée du fleuve Delaware le jour de Noel, celle de Princeton en 1777 avec l'aide de ses alliés français et la décisive victoire de la guerre de Yorktown, à l'automne 1781.

Georges Washington, en 1787 est appelé à exercer les fonctions de président de la convention constitutionnelle, au cours de laquelle fut écrite la constitution des Etats-Unis.

Ses qualités de meneurs et sa renommée durant la convention contribuent à l'élaboration et à la ratification de ce document qui, plus de 200 ans plus tard, demeure le fondement du gouvernement représentatif le plus ancien sur terre.

En 1789, élu à l'unanimité, Il devint le premier président américain.

Le 14 Décembre 1799, il mourut et affranchira par son testament tous ses esclaves.

A sa mort, dans son éloge funèbre, il fut décrit ainsi : « ***Premier dans la guerre, Premier dans la paix et Premier dans le cœur de ses citoyens***, »

Certains attribueraient à l'éloquence de ses mots, l'expression profonde de l'amour et l'admiration que portait celui qui les a écrits sur Georges Washington.

Comme tout héros, sa vie ou son sang on l'expression plus profonde que l'éloquence des mots. S'il fallait lire entre les lignes de cet esprit brillant, vous repasserez en boucle sa pensée modeste et comprendriez la stabilité de son esprit qui fonde aujourd'hui le socle de la constitution américaine.

Nulle ne m'objecterait lorsque je parlerais de la mémoire louable de Mikhaïl Gorbatchev de créer une maison commune Européenne et dépourvoir l'Europe de ses armes nucléaires tactiques.

S'il savait que le désarmement nucléaire serait teinté d'hypocrisie de la part des puissants et que cela servirait plus aux impérialistes pour une montée en puissance en garantissant leurs moyens de persuasion ; de l'au-delà, il aurait soufflé à l'Iran et à Kim Jong Un de ne pas se désarmer.

Victor Hugo disait :

« Un jour viendra où vous France, vous

Russie, vous Italie, vous Angleterre, vous Allemagne, vous toutes nations du continent, sans perdre vos qualités distinctes et votre glorieuse individualité, vous vous fondrez étroitement dans une unité supérieure, et vous constituerez la fraternité européenne... Un jour viendra où il n'y aura plus d'autres champs de bataille que les marchés s'ouvrant au commerce et les esprits s'ouvrant aux idées ».

La configuration actuelle des politiques occidentale ne laisserait guère engendrer ce beau rêve d'Hugo qui semblerait pour autant établir l'équilibre européen.

On se moquerait bien des pères fondateurs qui n'avaient que les yeux des ails pour espionner l'espace...mais l'anarchie en puissance qu'impose la technologie des armes et de surveillance serait répugnante à leur moralité.

S/La revue russe/Marie-Pierre Rey.

Avaient-ils vu juste ?

Le vice-président des États-Unis NIXON, au retour de son voyage en Afrique il dira : « l'Afrique est la région du monde qui, aujourd'hui, se transforme le plus rapidement.

Son évolution pourrait bien constituer le facteur décisif dans le conflit entre la liberté et le communisme international.
L'Afrique se révèle etre une des plus grandes forces dans le monde d'aujourd'hui.

Dans la bataille pour les esprits des hommes, nous, aux États-Unis, devons connaitre et comprendre les populations de ce grand continent.

Nous devons trouver avec elles un terrain d'entente ».

Est-ce une vision teintée de malice et gouverner par l'esprit de contrôle et de spoliation ou juste une vision libérale lointaine d'un aigle qui aimerait porter

la main sur la clé des influences, et du rôle que jouerait l'Afrique dans le monde du future ?

En Aout 1959, Eisenhower signa une loi portant création d'un secrétaire d'Etat adjoint pour l'Afrique et le premier membre du gouvernement choisi par le président Kennedy fut le secrétaire pour l'Afrique : « *j'ai demandé au gouverneur Williams d'accepter un poste d'une importance capitale dans la nouvelle administration.*

Les pays africains représentent le quart des nations qui siègent aux Nations unies. ***Le continent africain est devenu un terrain d'essai gigantesque qui décidera si la liberté peut etre assurée là ou des masses humaines vivent à la limite de la survie****, en lutte contre l'analphabétisme, la maladie, la famine et les divisions internes. Le sort de l'Afrique, qui fait maintenant l'objet d'une offensive communiste géante, va avoir des répercussions vitales sur la sécurité de chaque citoyen américain* ».

De l'aventure de NIXON dans le monde Africain, naquirent des nouvelles opportunités qui changeraient à jamais les politiques américaines et le tournant du monde par Le président Kennedy.

Che Guevara

« Il faut s'endurcir, sans jamais se départir de sa tendresse », surtout, soyez toujours capables de ressentir au plus profond de votre cœur n'importe quelle injustice commise contre n'importe qui, ou que ce soit dans le monde. C'est la plus belle qualité d'un révolutionnaire.

ONU 11-12-1964 citation N°108996

« si tu trembles d'indignation à chaque injustice, alors tu es un de mes camarades.

Amérique latine 1953-1956 citation N°79790

« Pour toute grande œuvre il faut de la passion et pour la révolution il faut de la passion et de l'audace à hautes doses».

« Tous les jours, il faut lutter pour que cet amour de l'humanité vivante se transforme en gestes concrets, gestes qui servent d'exemple et qui mobilisent »

« La patrie ou la mort »

Au péril de sa vie Che s'est employé à défendre ses idéaux.

Si son engagement et ses actions lui ont couté la vie, il reste impossible de causer la mort de ses valeurs ni de ses idéaux écrits dans les annales de l'histoire des révolutions de l'humanité.

Ceux qui s'opposent à l'ordre injuste établi, deviennent ennemis de ceux qui soutiennent cette immoralité.

La limite du bon sens est fixé par celui qui a un gros flingue et non par celui qui n'e s'est jamais abreuver de sang ni à celui qui n'en n'a jamais tirer profit.

On colle des étiquètes de terroriste, d'état voyou, de tiers monde aux adversaires politiques et à ceux qui vont à contre sens de nos idéaux, est-ce le bon sens dont doit se prévaloir les donneurs de leçon ?

Dans les eaux troubles de la moralité, du bon sens de l'humanité, de la pudicité, de la droiture et des vertus naviguent des monstres marins qui dessinent des schémas contraires.

CHARLES DE GAULE.

« Pavois des maitres, rempart des trônes, bélier des révolutions, on lui doit tour à tour de l'ordre et la liberté. Berceau des cités, sceptre des empires, fossoyeurs de décadences, la force fait la loi aux peuples et leur règle leur destin » (le Fil de l'épée,

Charles de Gaulle, Edition Perrin,
Coll. »Timpus », 1962, partie avant-propos, p.33

« La difficulté attire l'homme de caractère, car c'est en l'étreignant qu'il se réalise lui-même. », « les choses capitales qui ont été dites à l'humanité ont toujours été des

Choses simples. »,

« La fin de l'espoir est le commencement de la mort. »

La force fait la loi aux peuples et leur règle leur dessein, disait Charles de gaule.

S'il en est ainsi et que les cultures et les coutumes diffèrent, la mondialisation devrait etre politique et non culturelle et coutumière.

La compréhension et l'appréhension de chaque peuple sont liées à leur culture, à leurs valeurs, à leurs coutumes, à leur histoire, à leur environnement et à tous ce qui lui sert de ressource de vie ou de survie, il est donc acceptable que chacun devrait définir ses règles de batailles et ses choix sur les appuis de ce qu'il maitrise et qui fasse sa force sans nuire ou indisposer son prochain.

Abraham Lincoln.

« Si l'esclavage n'est pas mauvais, rien n'est mauvais »

« Aucun homme n'a assez de mémoire pour réussir dans le mensonge »

« Presque tous les hommes peuvent faire face à l'adversité ; mais si vous voulez tester la capacité de quelqu'un, donnez-lui le pouvoir»

« Celui qui n'a un jour oser changer, n'a pas le droit de se plaindre de la médiocrité de son existence»
« Je crois que la bible est le meilleur cadeau que Dieu ait jamais donné à l'homme. Tout le bien du sauveur du

Monde nous est communiqué à travers ce livre. »

Joseph Staline

« La mort d'un homme est une tragédie. La mort d'un million d'hommes est une statistique »

« La mort résout tous les problèmes. Pas d'hommes, pas de problèmes. »

« Ceux qui votent ne décident de rien.

Ceux qui les comptent décident de tout. »

Mobutu Seseseko

« Nous recherchons notre propre authenticité, et nous la trouverons parce que nous souhaitons, dans les fibres les plus intimes de notre etre, la découvrir »

CHAPITRE VII

A. UNE DEMOCRATIE, UN CULTE, UNE SECTE OU UN ENSEMBLE DES IDEAUX ?

Jean Jacques rousseau

JJR pensait qu'un gouvernement démocratique serait celui dans lequel le peuple, en tant que souverain, exprimé dans la loi la volonté générale se constituerait en magistrat collectif pour l'exécuter.

La défense des valeurs citoyennes pour le bien commun dans le respect de la volonté commune ne serait réalisable que si tout le peuple pouvait avoir la même éducation et la même clarté d'esprit pour pouvoir juger de l'impératif de chacune de leur action

Pour exprimer ensuite la pensée gouvernante... puisque cela est impossible, que celui à qui le pouvoir de gouverner et le droit est donné se fasse esclave de ceux qui l'ont élevé.

A1. JE ME QUESTIONNE ?

Les axes que dessinent les alliances des puissants et des faibles sont la tribune de l'illusion que vend l'épopée de la démocratie moderne ?

Des sectes politiques et antireligieuses puisant leur ressource dans le sang dont s'abreuve ceux qui prennent des crânes humains pour des tasses de cafés.

Un culte ensanglanté et plein des mystères dans lesquelles l'humanité perd sa saveur et ses vertus pour donner naissances à des envies perverses de pouvoir acquérir le pouvoir et de le conserver qu'importe le prix à payer.

A1.1 UN REVE ANTERIEUR

On épouserait bien l'esprit démocratique qui fonde les valeurs de la démocratie que les principes et les lois morales des lettres qui la font exister dans le monde moderne.

Les idées préconçues sur lesquelles se fonde la démocratie prévalent le culte fondamental de liberté, d'égalité des peuples par le droit, par l'équité et par la justice...

Serait-ce des idéaux défendus par un esprit pieux doté d'une mission ecclésiastique ?

Serait-ce une secte cloisonnant la résonnance de l'anarchie masquée dans la coquille des rêves effrontés de l'esprit de liberté ou de la pensée détournée de la démocratie annihiler par le pouvoir tyrannique de l'illusion du pouvoir acquis de la majorité qui se fait manipuler et qui brade sa liberté par un rêve utopique vendant à sa conscience des chimères de se croire détenir son plein pouvoir de liberté ?

J Jacques rousseau pourrait revenir de son profond sommeil pour pleurer sur la tombe de l'esprit de la démocratie qu'il a défendu.

Les politiques politiciennes naviguent sur les marches ensanglantées du pouvoir, tapis de larme et du sang innocent des peuples qui crient misère dans des zones de conflits et des territoires dominés par des puissances des terres lointaines qui offrent des contrats léonins contre quoi la guerre éclaterait.

Les profits engendrent les guerres et fondent des alliances et des accords injustes par l'expression cruelle du silence imposé par l'index collé à la gâchette.

La démocratie sensée rendre au peuple ses libertés le cloisonne entre la monarchie et la tyrannie par une fourrure douce de sensation et au toucher immorale de l'esprit politicien qui embellisse l'illusion de l'indépendance.

Sur le podium sacré des promoteurs abolitionnistes de l'esclavage ; se jouent les mélodies suprématistes hitlériennes à la Beethoven, les défenseurs des droits et les occupants des fauteuils de justice redéfinissent à leur guise les lois qui gouverne par l'assujettissement des prolétaires au triomphe des princes.

La sourde mélodie nuancée des vocalises arborant l'horreur de l'anarchie des systèmes politiques ; présage par ses nuages sombres le siège occulte de l'immoralité, de l'égoïsme, de la manipulation et du contrôle inculte des peuples du monde.

Faut-il repenser l'esprit de la démocratie au-delà des lettres qui la définisse ?

Par le biais de la démocratie se vende l'immoralité, les lois gouvernantes injustes, la tyrannie institutionnelle proposée comme a seule issue de paix pour l'équilibre des nations.

Les droits et les libertés sapent le fondement moral de l'humanité pour faire place à la religion moderne qui prônent la liberté de l'avortement, de l'homosexualité, de la bestialité et de biens d'ar tivaleurs qui donne naissance à divers maux qui gangrène l'univers des hommes.

CHAPITRE VIII

A. LA TRIBUNE DES NATIONS OU L'AME D'UNE MALICE INTERNATIONALE

Par un seul support juridique anticolonialiste des Nations Unies est créée une arme redoutable par laquelle se fait saper la souveraineté des nations coloniales.

Les organismes internationaux et ses médias s'apparentes plus à des outils de contrôle, d'espionnage et de manipulation aux profits de ceux qui les financent qu'à œuvrer dans le but de répondre aux défis pour lesquels ils ont été créés.

Les puissants et ceux qui ont la malice dans les veines s'offrent des tribunes des nations pour véhiculer des informations manipulées et tapis de ruse pour faire avaler la pilule amère des systèmes de gouvernances dictatoriales et anarchistes qu'ils s'emploient à imposer au monde par la ruse tordue de la pensée démocratique dévêtue.

La charte des impérialistes gouverne le monde par des lois juridiques dictatoriales dissimulées, et la perte de vitesse de certains crée des moyens intermédiaires pour équilibrer la balance et justifier leur raison d'exister dans le concert des nations pour au final engendrer une bête féroce hors de contrôle qu'ils chercheront à tout prix à effacer.

Comment croire dans une justice qui n'existe que pour une portion des personnes qui se définissent à leur guise les entorses et le respect des lois selon leurs intérêts ?

Le dictionnaire de vie prend un sens différent de celui dicté par le bon sens, la droiture et l'équité dès lors que sa devise est de gouverner le monde à tout prix, contrôler ses richesses, le diviser pour mieux régner, le dominer, l'exploiter et le piller pour enrichir certains et maintenir à terre les autres.

Si aucun pays stéréotypé et réduit au tiers monde ne peut constituer un Etat souverain indépendant, à quoi servent les champs d'oiseau qui résonnent dans les bâtisses d'anciennes démocraties ?

Nul ne s'est érigé un château doré par le biais de la démocratie et du respect des lois, les puissances du monde libre ont acquis au prix du sang tout leur trésor et leur influence sur le monde.

Le déséquilibre planétaire trouve son expression dans l'application de la charte impériale gouvernante des nations.

Si on ne négocie pas les accords et les contrats avec les pays stéréotypés du tiers monde à qui on impose sa volonté et à qui on fait subir ce choix ou est l'humanité ?

On impute injustement la faute à celui qui n'a pas de moyen qui justifierait ses conséquences,
On attribue la barbarie à ceux qui ne portent pas d'armes de destruction

AI. LA TRIBUNE DES NATIONS

Depuis la nuit des temps, les alliances se fondent et les blocs se créent. Les puissants deviennent plus puissants et les faibles restent à terre, et les alliances entre puissants et faibles ne desservent que les puissants.

Les alliances économiques et politiques, des accords et pactes militaires entre nations. Des organismes communautaires ou des blocs partisans dans les conflits militaires et économiques.

Des tribunes de bienfaisance pour s'offrir bonne conscience après la monstruosité qu'engendre leur politique extérieur et les maux permanents que subissent ceux qu'ils oppriment.

Faudrait-il forger une sagesse dans un monument qui servira de témoignage pour écrire en sa mémoire les raisons qui ont données naissances aux alliances entre puissants et faibles ?

Est-ce pour une guerre idéologique ou politique que le monde s'offre des tribunes couvertes d'étiquètes derrière lesquelles se cache des alliances sombres qu'il se résigne de faire valoir aux yeux du monde ?

Est-ce pour unifier les nations ou rassembler ses leaders dans le but de tout soumettre au contrôle de puissants en leur demandant de brader la matière à subsistance de leur peuple par des accords et des traités teintés d'hypocrisie et de malices ?

Elle serait redoutable, l'idée de faire valoir la préciosité de la vie par la cohésion des nations en proposant des lois économiques et sociales dans l'équité pour l'équilibre du monde.
Il serait indécent d'offrir une tribune qui exhale l'orgueil des puissants et la bassesse de leur immoralité.

A II. L'AME D'UNE MALICE INTERNATIONALE

Pour les fous et ceux qui s'arrogent le droit de s'approprier le droit divin et se substituer en maitre suprême des hommes,

Pour gouverner le monde et dicter sa conduite universelle, la politique bancaire et économique seule ne suffit pas, les pactes militaires moins encore.

Ils y associent des organisations économiques internationales et impose des monnaies de références pour définir le pouvoir d'achat et contrôler les économies des nations.

Ils créent des associations culturelles et techniques pour étudier les peuples et anéantir leur valeur, leur dogme et leur culture au profit des illusions. Ils créent des alliances spirituelles, religieuses et sectaires sous couverture de la piété et de la sainteté d'esprit pour coloniser et endoctriner les peuples faibles. Ils se choisissent les territoires à exploiter, ils définissent les champs de batails et se partage les territoires.

Ils se choisissent la poule à couver et à pondre les œufs d'ors.

Ils inventent des organisations non gouvernementales pour etre bien vu, pour espionner et freiner les uns dans leur élan.

Ils installent des placébos aux sommets des états pour mater les peuples et légitimer leurs desseins inavoués.

Les alliances immorales se fondent sur l'impuissance qu'ont les uns de se défendre face à la menace de ceux qui gardent leur index sur la gâchette, qui définisse la
Portée des accords et qui en fixe les termes.

Ils inventent des raisons et se dote des moyens suffisants pour nourrir leur convoitise, justifier leur occupation et la spoliation des territoires d'autrui.

Les raisons économiques et l'orgueil des uns attisent les flammes qui donnent naissance à des guerres sans fin. L'avidité du pouvoir, le désir inuit de contrôle et d'assujettissement créent la tyrannie dans ceux qui à tout prix cherchent à s'accaparer de la liberté des autres.

CHAPITRE IX

A. LIBERTE DE PENSER

Ils sont sages, ceux qui s'écrasent pour laisser paraitre la stupidité de ceux qui s'emploient à les humilier.

Se faire passer pour ce qu'on n'est pas, c'est outiller la main abile du peintre qui dépeint la caricature illusoire de nous-même à l'aide des pinceaux fines du mensonge qui conduisent à la perte de notre identité.

Il est sage de choisir de vivre avec le charme de ses imperfections, de cheminer avec la beauté de ses défauts en les corrigeant à chaque fois, jusqu'à ressortir l'image divine et parfaite de notre etre spirituel, morale et intellectuel à l'image de la perfection éternelle.

Tout le monde est plus que toi jusqu'à ce que tu ais découvert ce que le créateur ait mis de particulier et d'exceptionnel en toi.

Il est fou de croire qu'on est naturellement stupide et qu'on est défavorisé que les autres, ce qu'on ignore de soi est notre pire ennemi, car elle nous fait perdre nos repères.

Trouver notre repère marque le premier pas de notre apogée.
On ne vend pas sa conscience à la bêtise de celui qui argumente mieux par l'art de Shakespeare ou de Molière ce que lui dicte sa folie, car nous sommes éduqués pour penser par nous-mêmes, penser différemment serait exprimer les beautés diversifiées dans leur pluralité.

La tyrannie de la majorité sert de bouclier à ceux qui ont peur de se distinguer et qui ne pense rien avoir à offrir ; ils sont incapables d'avouer leur stupidité, mais ils le font par le biais du pouvoir de s'exprimer qu'ils confèrent à ceux à qui ils ont bradés leur liberté de penser et de croire en l'etre suprême et éternel.

Ils sont faibles et se corrompent, ceux qui se désistent de leur foi par l'oppression du nombre des ignares blasonnés et médaillés des théâtres humains dans la piste des sprints de ceux qui peaufinent des lois immorales et partiales dont l'issue est connue d'avance.
On m'objecterait si je parais d'or la voix de ma pensée qui me donne à croire que la science est aussi une secte religieuse qui a érigé la logique au sommet

pour en faire un dieu ; dommage qu'un dieu ait été créé comme ceux de plusieurs religions qui dépeignent leurs divinités par des bois scrutés et des pierres taillées par les artistes humains aux images divines.

De toutes les sectes, de toutes les religions de foi et de toutes les sciences, une seule revêt les mystères de la vie, qu'il serait insultant de considérer comme une religion ou une secte au lieu et place d'une vie reposant sur de la matière spirituelle pour laquelle l'humain ne détient le contrôle.

Celui qui fait partie de ce mystère-vie, devrait etre plus sage, plus intelligent, car son identité lui confère des attributs de la divinité que le monde ne peut voir,

Il a bien accès à des ressources surnaturelles sans pareil, cependant, son ignorance le rend opprimé de ceux qui lui sont naturellement soumis.

L'équilibre de l'univers tient sur l'intégrité de la parole du créateur suprême aux pouvoirs absolus, de ses lois morales et de ses principes gouvernants.

CHAPITRE X

A. MES REVES ET MES MEMOIRS

A.1 MES MEMOIRES

Qui aurait pu imaginer voir dans les nuages sombres sous les airs de l'esclavagisme, des hommes enracinés dans l'amour et la défense morale du sens véritable de la vie sinon l'expression hitlérienne fondant l'égo des hommes se considérant de race et de couleur supérieures aux autres pour les soumettre à une vie animalière dans le but de se bâtir des forteresses de trésor !!!

Si je puis lire dans l'âme de l'humanité toute sa beauté, je dirais que : La grandeur d'âme sera à jamais marquée par la pluralité des couleurs qui donne la coloration rouge au sang.

Si je pouvais réveiller Lumumba de son

Sommeil, je lui aurais fait le bilan opiniâtre des hommes d'Etat que son pays aura engendré après son départ.

Si je pouvais souffler un mot à Laurent Désiré Kabila, je lui aurais supplié de revivre par sa mémoire dans le cœur de ceux qui s'approprient son combat sans en avoir la vocation et sans comprendre le bien-fondé de sa lutte.

Si je pouvais parler aux morts, j'aurais été voir Thomas Sankara pour lui dire d'élever sa voix du plus profond des abysses et de réécrire sa pensée sur une feuille ineffaçable et ses luttes dans les couleurs de l'arc-en-ciel afin qu'à son apparition se rappelle tous les fils des opprimés, le souvenir de sa lutte et s'engage à la faire vivre.

Si je pouvais faire revivre Mandela, il se morfondrait sur l'âme sud-africaine, noire de colère et de vengeance qui anime son peuple et qui hélas réduit sa lutte et son sacrifice à des batailles entre frère.

Si je pouvais faire revivre Mandela, je lui dirais de faire revivre ses idéaux dans les cœurs de l'Afrique, afin qu'elle laisse s'effondrer ses frontières pour faire de nos terres, le plus grand village du monde.

A.1.2 MES REVES

Dans mon profond sommeil, je vois se dessiner l'avenir des peuples du monde.

J'ai fait un rêve ; "j'ai vu la démocratie devenir un culte planétaire au service des puissants "

J'ai fait un rêve ; je vois l'avidité des puissants crée l'instabilité et le déséquilibre planétaire sans issu,
J'ai fait un rêve ; j'ai vu la queue rouge du dragon etre expulser de l'Afrique par un soulèvement incessant des peuples,

J'ai rêvé des hommes pieux venir me prêcher le salut tout en plongeant un regard perçant et sombre à mes pieds, naïf que j'étais de croire qu'ils s'indignaient de la laideur de mes pieds usés dans la furie de mon sol rocailleux, de poussière et de chaleur.

Tard j'ai compris que le cellulaire qu'il me vendait à prix exorbitant été teinté de sang de mon père et des pères voisins qui avaient disparu après la venue de l'homme que je pensais modèle et admirable.

Je n'avais juste pas senti l'odeur puante de sa moralité tapis de ruse, de malice et d'hypocrisie.

J'ai rêvé le prêtre vêtu de vêtement éclatant accroché à la bible le jour me parlant des exploits du messie de la croix sans porter ni sa vérité ni sa passion, qui aurait rêvé que sous sa soutane sombre se cachait la machette qui décapiterait mon père ?

J'ai rêvé des hommes puissants se créer des montagnes dotées des trompettes puissantes et plus haute que les tribunes de justice pour distraire le monde et manipuler la vérité pour ainsi flouer le monde par des rêveries diaboliques digne d'Hollywood.

La vérité est devenue celle que les plus grosses bouches corrompues se donnent à diffuser.

Ils inventent des chimères pour justifier des invasions des territoires étrangers et imposent leur armée, leur politique et leur banque pour se faire maitre du monde.

Les hommes qui autrefois défendaient des valeurs et qui comprenaient la préciosité de la vie font taire leurs émotions, leurs bon sens et leur moralité pour se livrer telles des bêtes des savanes à la prédation de leur semblable.

Pour s'etre battu au nom de la liberté et d'avoir accordé de la liberté aux esclaves de son père en militant pour l'abolition de l'esclavage, Georges Washington, du plus profond de son sommeil se réveillerait pour grincer les dents face à la régression du sens de l'humanité qu'il a imprimé dans l'esprit gouvernant au cœur du pouvoir à qui il a légué avec les pères fondateurs les plus beaux textes égalitaires tapis sur la valeur même de la vie.

Mes rêves deviennent de plus en plus sombres, car à l'horizon se point la dévastation.

La désolation s'empare des villes, les luxures, l'ivrognerie, les diverses distractions créent plus en plus des métropoles pour offrir du baume au cœur aux esprits troublés qui cherchent désespérément le repos dans la distraction, dommage que ni des liqueurs fortes, ni les douceurs des corps féminines, ni l'illusion de la démocratie ne peut faire taire les cris des pères lâchement tués, des mères violées et des fils enterrés sans avoir expirer.

Dans mes rêves viennent à apparaitre des bêtes qui croient posséder le monde. Ils s'arrogent le droit de redéfinir la géographie du monde en lançant des bombes de l'Est à l'ouest pour créer le chaos et venir ensuite se pointer tels des pompiers pour éteindre le feu qu'ils ont engendré.

J'ai rêvé le jour enfanté la nuit, les héros se vautrer dans le sang et les pères se corrompre.

J'ai vu la mémoire de mes ancêtres effacée par l'inaction et la complicité de leurs fils.

J'ai vu imprimer la crainte et la terreur dans les victimes de guerre.
J'ai vu les larmes intérieures coulées et la tristesse couvrir le visage d'un peuple sans défense.

J'ai eu plein de colère et de chagrin, d'amertume et de douleur face à l'impuissance et la complicité de ceux qui nous gouverne.

J'ai vu l'âme défenseuse de notre armée se meurtrir et se lasser du flux incessant du sang des innocents.

J'ai vu des héros tombés au combat et guider dans les mailles du filet de l'ennemi par complicité.

Je rêve de voir la verdure de mon pays repousser, car abreuver du sang de ses héros.

SYNTHESE DU LIVRE

L'auteur révèle et fustige, critique et commente l'esprit esclavagiste qui aura engendré le déséquilibre des peuples par la création des faussés raciales profondes qui ont créés et enraciner les clivages racistes colonialistes soutenu par des systèmes politiques immoraux.

L'auteur présente les acteurs politiques qui ont influencé par la défense de leur idéaux les révolutions des peuples et leur liberté.

Il s'envole dans les abysses de la honte et de la désolation pour comprendre le rêve des grands esprits qui ont cru voir le monde sortir du cynisme engendré par la traite des esclaves à l'unité des nations par la défense des mêmes idéaux et des intérêts communs.

L'auteur lit dans les vagues qui emportent le monde moderne et expose les lignes qui présagent l'avenir des peuples et des nations.

Auteur :

Yannick Kiluba

Né à Lubumbashi dans le haut-Katanga en
RDC, le 22 Mai 1988, diplômé de l'UMK en 2016,

Evangéliste Chrétien,

Ingénieur technicien et informaticien,

Passionné de musique, auteur et compositeur de musique,

Passionné de lecture et d'écriture,

Table des matières

Printed by Books on Demand GmbH, Norderstedt / Germany